张云霄 著

轻微犯罪记录封存
制度构建研究

QINGWEIFANZUIJILUFENGCUN
ZHIDUGOUJIANYANJIU

 中国政法大学出版社

2025·北京

图书在版编目（CIP）数据

轻微犯罪记录封存制度构建研究 / 张云霄著. -- 北京 ：中国政法大学出版社，2025. 6. -- ISBN 978-7-5764-2295-5

Ⅰ. D914.4

中国国家版本馆 CIP 数据核字第 20259XB380 号

出 版 者	中国政法大学出版社
地 址	北京市海淀区西土城路 25 号
邮寄地址	北京 100088 信箱 8034 分箱　邮编 100088
网 址	http://www.cuplpress.com (网络实名：中国政法大学出版社)
电 话	010-58908586(编辑部) 58908334(邮购部)
编辑邮箱	zhengfadch@126.com
承 印	北京中科印刷有限公司
开 本	880mm×1230mm　1/32
印 张	5.75
字 数	150 千字
版 次	2025 年 6 月第 1 版
印 次	2025 年 6 月第 1 次印刷
定 价	48.00 元

作者简介

张云霄，中国人民公安大学现代侦查技战法研究中心研究员、西安电子科技大学经济与管理学院企业合规研究中心主任、西安电子科技大学经济与管理学院客座教授、金融科技与大数据研究中心特聘研究员、中国法学会中国反腐败司法研究中心特聘研究员、中国政法大学刑事司法学院校外兼职导师、山东大学法学院刑事合规研究中心特聘研究员、首都师范大学法学院客座教授、高级企业合规师、政工师、律师。

代表性著作：《我国矿产资源犯罪刑事立法完善研究》《监察法学新论》《企业合规总论》《企业合规分论》《重析刑事政策基本问题》《多维度视野下刑事被害人救助制度研究》《职务犯罪侦查前沿问题研究》《历史与未来：我国刑事法律援助制度研究》等；在《法学杂志》《甘肃社会科学》《湖南社会科学》《人民检察》《中国司法》《法治日报》《人民法院报》《人民公安报》《检察日报》等发表论文百余篇，部分论文被《人大复印资料》和《中国社会科学文摘》转载；多次承担、参与国家级和省部级课题，其中《审前刑事涉案财物处置法律监督》被评为中国法学会2024年度优秀课题。

前检察官、前纪检监察员，曾获得北京市检察机关反贪侦查人才、北京市检察机关检察调研十佳标兵、北京市政法专项人才、北京市优秀共产党员等荣誉称号。曾参与中央巡视工作，曾参与国家司法体制改革工作以及《人民检察院组织法》和《检察官法》的立法修改工作。

特别感谢

中国政法大学诉讼法学研究院名誉院长、教授　　　　樊崇义

中国社会科学院法学研究所刑法室主任、研究员　　　刘仁文

华东政法大学纪检监察学院副院长、教授　　　　　　吴美满

中共中央党校（国家行政学院）副教授　　　　　　　李　锋

北京理工大学法学院助理教授　　　　　　　　　　　付晓雅

最高人民检察院政治部检察官管理处副处长　　　　　王凤涛

河南省商丘市人民检察院党组书记、检察长　　　　　王建波

陕西省铜川市人民检察院党组书记、检察长　　　　　毛朝霞

四川省德阳市律师协会会长　　　　　　　　　　　　冷鑫鸿

河南省三门峡市人民检察院法律政策研究室主任　　　张伟龙

前　言

在新时代背景下，妥善解决轻微犯罪人刑满释放后的社会复归问题，已成为我国刑事司法制度改革的重要议题之一。为积极响应中共中央关于"建立轻微犯罪记录封存制度"的重大改革部署，本书聚焦轻微犯罪记录封存制度构建，系统审视我国当前轻微犯罪治理的现状，力求提出科学可行的制度设计方案，为完善我国轻罪治理体系提供智力支持，服务国家治理现代化，推动法治进步与社会公平。

第一章内容主要分析与界定轻微犯罪记录封存制度的基本概念。首先，从犯罪分层视野和我国具体语境两个维度厘清和剖析轻微犯罪记录概念的基本内涵；其次，参考域外相关经验，密切联系国内实践解析犯罪记录概念的核心内涵；再次，对轻微犯罪记录封存概念的界定，需阐明其既是一项保密工作制度、也涉及隐私和被遗忘权保护的双重性质；最后，从"评价说"与"事实说"两个维度对犯罪前科与前科消灭制度的基本概念内涵进行阐述，主张在"事实说"的视野下科学区分和理解前科、前科消灭与犯罪记录封存之间的关系。

第二章内容主要论述与分析轻微犯罪记录封存制度的基本法理依据。其一，犯罪附随后果理论指出，犯罪附随后果的过度适用会加剧社会对立，而轻微犯罪人主观恶性小、社会危险性低，封存轻微犯罪记录能够有效避免犯罪附随后果对轻微犯罪人的不当苛责，降低社会治理成本。其二，恢复性司法理论强调修复被破坏的社会关系，轻微犯罪记录封存制度可帮助轻微犯罪人复归社会，有效化解社会矛盾，实现国家、社会、个人多方利益的"共赢"。其三，宽严相济刑事政策要求"宽"与"严"的有序协调，即犯罪记录封存制度并非适用于所有轻微犯罪人，而是"有限封存"，兼顾轻微犯罪人权益与社会公共利益，做到"应封尽封"与"当严则严"的宽严有度。

第三章内容主要审视与阐述当前我国轻微犯罪记录封存制度构建的主要背景。一方面，需要明晰我国轻微犯罪的基本情况，涵盖我国轻微犯罪的基本立法情况与主要司法情况；另一方面，需要审视我国犯罪附随后果在实践中的主要体现。首先，设定主体问题表现为设定主体的混乱、限制范围的泛化；其次，若干侵权问题主要表现为限制轻微犯罪人的基本权利与"株连效应"的显现；最后，无限期限问题表现为附随后果普遍无期限限制，伴随轻微犯罪人终生，形成无法消除的"犯罪标签"。

第四章内容主要是对美国、德国及英国等域外国家的相关犯罪记录封存制度内容、运行情况及相关成果等内容进行较为系统梳理、比较分析，从而为我国轻微犯罪记录封存制度的构建提供有益的域外视角与相关思考。

第五章内容主要梳理与研究我国轻微犯罪记录封存制度构建的实践历程。一方面，梳理并总结轻微犯罪记录封存制度从探索萌芽、初步确立到发展深化三个历史阶段的实践历程；另一方面，通过比较我国未成年人犯罪记录封存制度与轻微犯罪记录封存制度在构建价值理念、所属法律制度、具体适用对象、实践操作难度与运行资源需求等方面的异同，为轻微犯罪记录封存制度构建提供有益的经验启示。

第六章内容主要分析与论述轻微犯罪记录封存制

度的基本功能。首先是权利保障功能，通过减少犯罪记录对个人就业、教育等方面的负面影响，保护轻微犯罪人及其家庭的基本权利；其次是犯罪预防功能，有助于减弱"标签效应"，激励轻微犯罪人守法改造，降低再犯率；再次是社会治理功能，记录封存可以减少社会管理成本，促进社会融合与和谐；最后是法治教育功能，该制度通过宣扬法律的宽容和公平精神，提升公众对法律制度的信任和遵从意识。

第七章内容主要分析与研究轻微犯罪记录封存制度构建的影响因子。首先，党和国家的宏观政策具有决定性先导作用，其犯罪治理理念的现代化演进为轻微犯罪记录封存制度构建提供了根本价值坐标和行动指南，需通过立法实现政策与法律的统一。其次，国家法律体系是制度根基，轻微犯罪记录封存制度的构建涉及多部法律的联动修改与精密衔接，以系统思维保障实体公正与程序公正。再次，经济社会发展程度构成现实基础，轻微犯罪记录封存制度设计必须立足国情，科学评估司法、执法、财政等资源状况，正视区域发展差异，探索本土化路径创新。最后，社会公众的心理承受能力至关重要，需着力化解根深蒂固的

"重刑主义"和"标签化"观念引发的社会疑虑，充分吸纳合理意见以回应社会安全关切，积极引导媒体正向宣传，凝聚社会共识为轻微犯罪记录封存制度运行奠定坚实社会心理基础。

第八章内容主要归纳与剖析轻微犯罪记录封存制度构建的六项基本原则。其中，公正性原则是核心，要求实体公正与程序公正的有机统一；科学性原则是关键，强调以实践为基础，实现立法执法司法的科学化设计；完整性原则是基础，要求制度设计覆盖实体规则与实施程序的各个环节；特色性原则是保障，主张根据我国国情，实施渐进式的创新改革路径；均衡性原则是重点，要求在维护社会公共利益与保护轻微犯罪人权益之间寻求合理平衡；人文性原则是补充，强调尊重轻微犯罪人的人格尊严并体现法律的人文关怀。

第九章内容主要是设计与描述轻微犯罪记录封存制度构建的具体内容。一是轻微犯罪记录封存制度的相关主体设置，即明确决定适用主体、查询管理主体与法律监督主体；二是轻微犯罪记录封存制度的实体内容设计，即明确轻微犯罪记录封存制度的适用条件和标准、考验期设置标准、影响后果标准与解封条件标准；三是轻微犯罪记录封存制度的程序内容设计，包括轻微犯罪记录封存的正式启动程序、具体封存程序、相关查询程序、法律监督程序、权利救济程序与基本解封程序。

第十章内容主要论述与总结我国轻微犯罪记录封存制度建设的路径建设思考。其一，我国轻微犯罪记录封存制度的构建应当采取渐进式的改革路径，开展试点工作；其二，建立轻微犯罪记录封存的"正面清单"与"负面清单"制度，发布相关典型案例，为具体实践提供制度指引；其三，轻微犯罪记录封存制度的构建需要社会各界、各部门联合推动，形成社会共识与最大合力。

最后，构建科学、系统、具有中国特色的轻微犯罪记录封存制度，在法治层面，有助于促进刑事政策的理性回归，落实罪刑均衡与宽严相济的司法理念；在社会层面，有助于优化犯罪治理生态体系，助推国家治理现代化进程。这不仅体现了刑事法治的人文关怀精神，也是实现良法善治与社会和谐的关键举措，兼具深远的理论价值和重大的现实意义。

目　录

第一章

轻微犯罪记录封存制度的
相关基本概念剖析

新时代背景下，在轻微犯罪治理过程中，轻微犯罪记录封存制度构建是一项重要而系统的工程，其不仅关系到轻微犯罪人复归社会后的权益保障等微观层面问题，而且关乎整个社会秩序的稳定及健康可持续运行等宏观层面问题，是国家治理体系和治理能力现代化进程中必须认真作答的一项重要问题。本书主要从轻微犯罪封存制度的基本概念剖析开始，在紧密结合相关的学说理论知识与我国司法实践情况的基础之上，坚持系统化的思维方式，力求提出具有中国特色的轻微犯罪封存制度的设计与发展路径，以期进一步助推犯罪治理和国家治理的现代化。

对于基本概念的精准理解与把握是开展学术研究的起点与基础。我国学术界对于轻微犯罪记录封存制度的相关概念还存在诸多争议，因而有必要对其加以认真思考、对比分析，为今后具体的国家立法及相关司法实践提供有力的基础理论支撑。

一、轻微犯罪基本概念剖析

（一）犯罪分层视野下的轻微犯罪概念分析

从域外国家的情况来看，即便是刑法中的犯罪，由于各个国家的刑法规定和司法实践情况不尽相同，犯罪分层模式也并不相同。具体而言：[1]

第一，"二分法模式"，即将犯罪分为重罪和轻罪（违警罪）两个层级。比如，《德国刑法典》第12条将犯罪分为重罪与轻罪，其中，最低刑为1年或者1

---

[1] 郭理蓉：《轻罪刑事政策研究》，中国法制出版社2023年版，第15~20页。

年以上自由刑的违法行为为重罪；最高刑为 1 年及以下有期徒刑或者科处罚金刑的违法行为为轻罪。再比如，《意大利刑法典》第 17 条、第 19 条详细规定了重罪和违警罪所分别适用的主刑和附加刑，其中，重罪适用的主刑包括无期徒刑、有期徒刑和罚金，其附加刑包括褫夺公职、禁止从事某一职业或者技艺、法定禁治产、禁止担任法人和企业的领导职务、剥夺与公共行政部门签约的权能；违警罪适用的主刑包括拘役和罚款，其附加刑包括停止从事某一职业或者技艺、停止担任法人和企业的领导职务。

第二，"三分法模式"，即将犯罪划分为重罪、轻罪、违警罪（越轨）。比如，《法国刑法典》第 111-1 条依照犯罪的严重程度将刑事犯罪分为重罪、轻罪、违警罪，并且分别规定了不同的刑罚：第 131-1 条规定了自然人可处的重罪刑罚主要是自由刑，包括无期徒刑或者终身拘押、有期徒刑或者有期拘押两类，有期徒刑或者有期拘押的刑期最短为 10 年，最长为 30 年；第 131-3 条规定了自然人可处的轻罪刑罚，包括 10 年以下的监禁、刑事强制、罚金、公民素质培训、公共利益劳动、剥夺或者限制权利、惩罚-赔偿刑以及其他附加刑；第 131-2 条规定了自然人可处的违警罪刑罚，其包括罚金、剥夺或者限制权利、惩罚-赔偿刑以及其他附加刑。再比如，《瑞士联邦刑法典》将犯罪分为重罪、轻罪和越轨，其中，重罪实质应科处重惩役的行为，重惩役最低为 1 年，最高为 20 年，法律有特殊规定的，最长可至终身；轻罪实质最高刑为普通监禁刑的行为，监禁刑最低是 3 天，最高为 3 年，除非法律有特别规定；此外，越轨是指被科处拘役或者罚金刑的行为，或者单处罚金刑的行为。

第三，"四分法模式"，即将犯罪分为轻度犯罪、中度犯罪、重度犯罪与极其重度犯罪，或者分为轻微犯罪、一般犯罪、严重犯罪与特别严重犯罪。比如，《俄罗斯联邦刑法典》将犯罪分为轻度犯罪、中度犯罪、重度犯罪与极其重度犯罪。其中，轻度犯罪的最高刑罚期限为不超过 3 年剥夺自由刑；中度犯罪的刑罚区分故意犯罪与过失犯罪，故意犯罪的最高刑罚期限为不超过 5 年剥夺自由刑，过失犯罪的最高刑罚期限为不超过 10 年以上剥夺自由刑；重度犯罪包括故意犯罪与过失犯罪，其中，故意犯罪的最高刑罚期限为不超过 10 年剥夺自由刑，过失犯罪的最高刑罚期限为不超过 15 年剥夺自由刑；极其重度的犯罪仅限于故意犯罪，其最高刑罚期限为超过 10 年及以上剥夺自由刑或者更为严厉的刑罚。

第四，"多层分法模式"，即将犯罪划分为多个层级予以规范。比如，《美国模范刑法典》规定的犯罪分为两大类：实质犯罪与非实质犯罪（违警罪）。[1] 其中，依照监禁刑的长短，将实质犯罪又划分为：重罪、轻罪和微罪。此外，《美国模范刑法典》第 6.01 条又将重罪划分为三个等级：一级重罪、二级重罪、三级重罪，从而实质上形成了"一级重罪—二级重罪—三级重罪—轻罪—微罪—违警罪"六个层级。

（二）我国具体语境下轻微犯罪概念分析

我国目前并未建立专门的纵向型犯罪分层体系，我国《刑法》[2]只是以犯罪侵害的不同法益类型（犯罪客体）进行了横向的类罪划分，其集中体现在《刑

---

[1] 非实质犯罪也就是所谓的违警罪，实质上就是违法行为，而违法行为不构成实质犯罪，违法行为的认定不会产生有罪认定所引起的资格限制或者法律上的不力。

[2] 为表述方便，本书涉及我国法律直接使用简称，省略"中华人民共和国"字样，全书统一，后不赘述。

法》分则当中。单从我国《刑法》条文来看，其并未明确区分重罪与轻罪的标准，但是学界一般认为，轻罪与重罪是一组基本概念。其中，轻罪通常指犯罪人主观恶性不大，对社会危害相对较小，犯罪情节轻微，处刑较轻的刑事违法行为。此类犯罪的范围理应包含罪名、主体、情节、量刑幅度等方面的综合考量，可以是其中的一个或者多个方面。相反，重罪指的是性质恶劣、社会危害性极大的犯罪行为，如危害国家安全、故意杀人、强奸、抢劫等。那么，如何进一步体现社会危害性轻重呢？在我国《刑法》中，主要是通过具体罪名的法定刑来予以体现。轻罪通常对应的刑罚较轻，如短期有期徒刑及其以下的刑罚等；而重罪则可能面临更严厉的刑罚，如有期徒刑、无期徒刑甚至死刑。针对有期徒刑而言，一般是以三年期限作为标志性的分界点，即如果法定刑在三年以下有期徒刑以下往往被视为轻罪，而法定刑在三年以上的则被视为重罪。

上述对于我国犯罪分层的认知与理解仍比较笼统模糊，尤其是随着社会经济的快速发展以及《刑法》结构体系的不断完善，我国犯罪分层更应当朝着精细化、阶梯化的方向发展，从而更为科学地满足惩防犯罪的实际需求。对此，笔者认为，在我国轻微犯罪记录封存制度构建中，从立法和司法实际情况出发，依据犯罪的轻重程度，我国犯罪分层应当坚持"微罪—轻罪—重罪—极重罪"的"四分法"模式。其中，重罪主要是指法定刑为 3 年以上有期徒刑的犯罪；而极重罪是指法定刑为无期徒刑或者死刑的犯罪。

将法定刑为 3 年有期徒刑以下的视为"轻微犯罪"较为妥当，因为这不仅与刑法理论保持一致，而且也能大致体现行为的社会危害性以及进行犯罪矫治的难易程度，具有现实可操作性。在此前提下，以法定最高刑 1 年为标准，轻微犯罪又可进一步细分为微罪和轻罪；其中，所谓的微罪主要是指法定刑为 1 年有期徒刑以下、拘役、管制或者单处罚金的犯罪行为。相比于所谓的轻罪，微罪的犯罪人主观恶性更小、所受刑罚处罚更轻、社会危害性更小、社会道德谴责感更低，而且从犯罪理论上讲也更加容易治理和预防。比如，我国《刑法》第 133 条之一规定的危险驾驶罪，第 252 条规定的侵犯通信自由罪，第 280 条之一规定的使用虚假身份证件、盗用身份证件罪以及第 284 条之一第 4 款规定的代替考试罪等均是较为典型的微罪。我国《刑法》第 222 条规定的虚假广告罪，第 223 条规定的串通投标罪，第 287 条之二规定的帮助信息网络犯罪活动罪、第 293 条之一规定的催收非法债务罪等被视为典型的轻罪。

此处，需要强调的是，上述关于微罪与轻罪的分类实质上是以法定刑为主要标准的，但不是所谓的绝对标准；在司法实践中，还应当注意以法院所实际判处的宣告刑为辅助标准，从而更加全面客观地认定两者的区别所在。因为法官审理案件的过程中，并非"机械裁判"，而是在法定刑的基础上选择具体宣告刑时，综合考虑犯罪人的主观恶性、悔罪表现、人身危险性和社会危害性等基础上作出的结论，其本身也是对轻罪还是重罪的一种理性法理考量，所判处的实际刑种越轻、刑期越短意味着特殊预防必要性就越小。比如，以帮助信息网络犯罪活动罪为例，若法院经过依法审理后判决被告人 3 个月拘役或者更轻刑罚的，那便可以认为该罪为实质上的微罪。在司法实践中，帮助信息网络犯罪活动罪更多涉及在校大学生，其仅因法治观念淡薄和侥幸心理而实施"买卖卡""代办卡"行为，甚至有的只是为了所谓的"勤工俭学"，自身主观恶性非常小，基本不可能表征行为人品行上的污点或者危险性，因而可以视为微罪，这样有助于从本质上完整准确理解轻微犯罪的具体含义，有助于从理论上为我国轻微犯罪记录封存制度的建构与实施提供学理支撑。

二、犯罪记录基本概念剖析

从我国司法实践发展历程观察，2012 年最高人民法院、最高人民检察院、公安部、国家安全部、司法部联合印发的《关于建立犯罪人员犯罪记录制度的意见》规定所谓的"犯罪记录"是指国家专门机关对犯罪人员情况的客观记载。其具体内容包括犯罪人员的基本信息、检察机关（自诉人）和审判机关的名称、判决书编号、判决日期、罪名、刑罚种类与执行状况等要素。2021 年公安部出台的《公安机关办理犯罪记录查询工作规定》则将"犯罪记录"定义为"我国国家专门机关对犯罪人员的客观记载"，并明确了仅包括"人民法院生效裁判文书确认有罪"情况下的相关记录。上述两份法律规范性文件对"犯罪记录"这一概念均采取的是最狭义的定义。正如有学者所言："此定义虽然有助于专门机关内部统一认识，降低了犯罪记录查询和封存工作开展的成本，但同时也使其效果大打折扣。"[1]此外，2022 年最高人民法院、最高人民检察院、公安部、司法部联合制定的《关于未成年人犯罪记录封存的实施办法》，将涉罪未成年人的犯罪记录定义为："国家专门机关对未成年犯罪人员情况的客观记载。应当封存的未成年人犯罪记录，包括侦查、起诉、审判及刑事执行过程中形成的有关未成年人犯罪或者涉嫌犯罪的全部案卷材料与电子档案信息。"该办法将犯罪封存记录具体内容进一步明确为"（对未成年犯罪人）不予刑事处罚、不追究刑事责任、不起诉、采取刑事强制措施的记录，以及对涉罪未成年人进行社会调查、帮教考察、心理疏导、司法救助等工作的记录"。上述规范性文件关于"犯罪记录"定义规定的变化直接反映出，随着国家立法完善和司法实践深入，法律理论界与实务界对于"犯罪记录"理性

---

[1] 参见汪海燕：《轻微犯罪记录封存制度的构建》，载《法律适用》2025 年第 3 期，第 33 页。

认知的新发展，犯罪记录的外延也在不断扩张。

此外，从域外经验观察，美国法典中"犯罪记录"含义包含了刑事司法机构对可识别个人的逮捕、拘留、起诉或者其他正式刑事指控，以及由此产生的任何处置，如无罪释放、量刑、惩戒监督或者释放等内容。换言之，美国法律中的犯罪记录不限于刑事判决，其涵摄了几乎所有因同司法系统发生联系而产生的记录，如逮捕记录、搜查记录、执法记录等。德国相关法律规定，犯罪登记机关所记载的犯罪记录则包括有关被判刑人的犯罪情况的所有资料，其包括所有以判决、处罚命令、刑罚决定等形式作出的判决，还包括缓刑考验期的批准、要求和撤销，暂时释放，免除刑罚，减轻处罚，以及赦免形式重新赋予犯罪人被剥夺的名誉等。[1]

为此，笔者认为，"犯罪记录"这一定义应当采取"信息说"，而非"载体说"，即指能够全面反映犯罪人实施犯罪行为的各种信息统称，不仅包括公安司法机关等关于各刑事诉讼阶段的过程性记录、国家专

---

〔1〕 郑二威：《我国犯罪记录整体封存的制度构建》，载《法制与社会发展》2023 年第 4 期，第 92 页。

门机关对于被追诉人采取的最终处理决定记录等客观案卷和法律文书载体；而且包括行政机关所保存的与犯罪行为相关的记录，以及其他社会主体和互联网等所反映的与犯罪情况相关的各种记录。因为除专门机关外其他主体所做的记录若不被封存，从结果上看还是会最终导致轻微犯罪人的犯罪记录被泄露和扩散，其"犯罪标签"根本无法被真正摘除。

因此，犯罪记录不仅仅表现为案卷载体，而且应当包括各种涉及犯罪记录的各类信息；不仅包括公安司法机关所掌握的内部涉罪信息，而且包括社会公众和媒体等掌握的外部涉罪信息。以我国正在施行的未成年人犯罪记录封存为例，虽然公安司法机关对未成年人的犯罪记录进行了封存，但对学校而言，涉罪未成年人相应的学籍档案中，其被开除学籍及其被开除学籍的理由仍会清晰记载该未成年人涉嫌犯罪的字样，而学籍档案是不会被封存的，所以未成年人在以后的升学、就业、入伍等面临的政审环节中，仍面临着被歧视或者排斥的命运。对于涉罪未成年人来说，其所在学校会作出相应处理并记入学生档案，而这一档案会在未成年人成年后成为其正式人事档案的一部分，其中会全面记载该未成年人学习的情况、有无受到处罚、各种社会关系，这当然也包括其犯罪记录的内容。比如，《北京市中小学学生奖励和处分办法》第 17 条规定，"……对义务教育阶段的学生可以给予警告、严重警告、记过处分。对高中阶段的学生可以给予警告、严重警告、记过、留校察看、开除学籍的处分……"该办法第 18 条规定，"构成刑事犯罪的"，"违反治安管理规定受到处罚，性质恶劣的"，给予开除学籍处分。此外，其第 19 条第 2 款规定："记过、留校察看、开除学籍处分记入学生档案。"[1]这类信息也应当属于犯罪记录的组成部分。

此外，大多数行政犯在构成刑事犯罪的同时还构成行政违法。一方面，犯罪主体可能同时被科以行政处罚；另一方面，犯罪线索往往由行政机关提供，证据的初步调查也往往由行政机关开展。因此，该类犯罪人员的犯罪记录不仅会被记载于司法机关，也会被记载于行政机关。例如，非法经营行为同时被记载于市场监督管理部门，涉嫌污染环境罪的行为也会被环

---

〔1〕 孙倩：《未成年人犯罪记录封存制度的理论重构及现实思考》，载《刑法论丛》2020 年第 3 期，第 45~46 页。

境保护部门记录。在这种情况下，即使司法机关封存犯罪记录，犯罪人员也可能因在行政机构留存的"案底"而被禁止从业。此外，根据"举重以明轻"的基本法理，原则上对于轻微犯罪记录已经封存的，那么较之相对较轻的违法记录也应当同步一并封存。因而，此类违法记录也属于轻微犯罪记录的内容之一。

三、轻微犯罪记录封存基本概念剖析

轻微犯罪记录封存主要是指国家有关机关或者单位对于特定的轻微犯罪人的犯罪记录依职权或者依申请而进行永久性封存，非经法定事由，不得予以随意解封。轻微犯罪记录封存的性质包括两个方面内容：

（一）保密工作制度

从国家层面来讲，轻微犯罪记录封存实质上是一项保密制度，是国家对于轻微犯罪人的一种特殊关照，这涉及犯罪人、被害人、社会公众等多方利益的平衡问题。因而，若在轻微犯罪记录封存工作中不当或者故意泄露犯罪记录信息的公权力人员或者其他人员，理应承担相应的法律责任。

(二) 隐私和被遗忘权

从轻微犯罪人角度来讲，轻微犯罪记录封存是涉及自身隐私和被遗忘权的问题。

首先，所谓"隐私"是指个人没有公开的信息、资料等，是公民不愿公开或者不让他人知道的个人秘密，掩藏某些私人信息并不会对他人的权益产生不良影响。根据我国相关司法解释，对犯罪人员录入的信息包括：犯罪人员的基本情况、检察机关（自诉人）和审判机关的名称、判决书编号、判决确定日期、罪名、所判处刑罚以及刑罚执行情况等。这些信息涉及轻微犯罪人的基本情况以及一系列定罪量刑情况，具有明显的个人可识别性。

因而，对于轻微犯罪人而言，其轻微犯罪记录应当被视为公民个人隐私的内容之一，是一种"特殊隐私"。值得强调的是，一般隐私是公民权利主体自己掌控的秘密；而轻微犯罪记录则是由公权力机关掌控而权利主体又不愿外界知悉的信息。[1]比如，《联合国少年司法最低限度标准规则》第 8 条及第 21 条规定：未成年人犯罪人享有隐私权，其犯罪材料不应当公开，司法机关应当对未成年人犯罪的事实材料保密，不得向外界第三方公布或利用，也不得在未来的案件中引用。

其次，轻微犯罪记录封存必然涉及轻微犯罪人所享有的被遗忘权。所谓的被遗忘权主要是指信息主体对已经被发布在网络上有关自身不恰当的、过时的、继续保留会导致其社会评价降低的信息，要求信息控制者予以删除的权利。在"信息永久记忆"的新背景下，犯罪记录是基础性记录与延展性报道的组合体，不仅包括司法机关记载的犯罪人员的信息，也包括发布于网络、自媒体等平台上的犯罪人员的信息，存在范围十分广泛，这导致记忆成为常态而遗忘却成为例外，其中包括了犯罪记录。轻微犯罪人可以依据国家有权机关所作出的犯罪记录封存决定而自动享有上述的被遗忘权。

---

[1] 参见高一飞、高建：《犯罪记录封存的制度安排与实施机制》，载《南通大学学报（社会科学版）》2012 年第 5 期，第 44 页。

四、轻微犯罪记录封存相关概念的辨析

与轻微犯罪记录封存紧密联系的概念主要是前科以及前科消灭概念，对其科学分析有助于从理论层面进一步为轻微犯罪记录封存制度构建提供有益参考。当前我国学界对于前科概念主要存在以下两种学说，笔者对此展开相应的分析与阐述。

（一）"评价说"理论

有观点认为，前科主要是指因受过刑罚而产生的一种规范性评价，具体表现为刑法和前置法对前科人员施加的从重处罚、从业禁止、限制办理落户等规定。事实上，前科与刑罚一样，都是因为犯罪行为而产生的处罚后果，即国家为罪犯的已犯罪行施加相应的制裁或者非难，因此，前科的本质是刑罚后的一种延续。[1]更有观点认为，前科是一种刑法的规范性评价，它以犯罪记录为对象，体现出犯罪人在承担过刑事责任后

---

[1] 参见徐立、成功：《轻罪时代前科制度的内在诟病及其应对》，载《河北法学》2023 年第 5 期，第 26~27 页。

一定期间内的法律地位。因此，犯罪记录与前科之间是一种评价对象与评价结论的关系。

对此，笔者认为，首先，该观点实质上将前科与犯罪附随后果两个概念混为一谈，从本意上理解，前科就是一种对于之前犯罪行为与刑罚的记录痕迹，其本身不会涉及对犯罪人在受到刑罚后的其他不良评价或者影响问题，不能将其与犯罪附随后果混用。因而，前科不是犯罪附随后果的组成部分，两者的概念有着本质区别。

其次，"评价说"实质上已将前科的概念进行不当的泛化理解，加入了所谓的主观判断因子，因为前科主要就是对犯罪行为以及受到刑罚情况的反映，前科并不意味着犯罪人无法矫治，也不代表着犯罪人有再次犯罪的可能；从犯罪记录封存的角度来讲，犯罪记录是对所有犯罪痕迹的统称，其外延较广，其中包括前科内容。

（二）"事实说"理论

此外，有观点认为，前科有狭义概念、广义概念及最广义概念三种说法，其中，狭义的前科概念是围绕着罪和刑来展开界定的，其成立既有罪的要求也有刑的考量；而广义的前科概念围绕着罪展开而不涉及刑；最广义的前科概念则不是一个刑法专属性的概念，凡是历史上因违反法纪而受过处分的事实都是前科。[1]笔者对此观点表示赞同。

笔者认为，前科最初的含义就是指以前的判定或者以前的记录，一般指之前不光彩的事情，后来引申为法律上的术语，其本质上是一种客观记录和反映，不涉及规范性评价或者非规范性评价问题。

我国《刑法》第100条第1款规定："依法受过刑事处罚的人，在入伍、就业的时候，应当如实向有关单位报告自己曾受过刑事处罚，不得隐瞒。"这被学界视为我国的"犯罪前科报告"制度。因此，从上述《刑法》的规定来看，犯罪前科实质上就是一种犯罪行为及其受到刑罚处罚的客观事实，其并不涉及任何对犯罪人的负面评价，犯罪人在入伍、就业时所可能受到的歧视或者排斥才是所谓的犯罪附随后果，而非"犯罪前科"。其实，我国《未成年人保护法》与《预

---

〔1〕 参见梁云宝：《中国式现代化背景下轻微犯罪前科消灭制度的展开》，载《政法论坛》2023年第5期，第37页。

防未成年人犯罪法》的相关规定也印证了我国立法实践中对于前科的概念采"事实说"。

为此，笔者认为，犯罪前科主要是指有罪判决或者宣告，换言之，只要被法院判处有罪，即使免于刑罚处罚，依然属于犯罪前科的内容。因为刑事责任的承担方式包括刑罚与非刑罚处罚措施，刑事责任的直接后果不仅限于刑罚，即使定罪免刑，对犯罪人处以非刑罚处罚措施，亦受到刑法的否定性评价和谴责。在司法实践中，只要被判定为有罪，"犯罪标签"和犯罪附随后果的效应就随之产生。此外，笔者认为，在我国语境下，前科不仅包括犯罪前科，还包括违法前科，比如，2014年7月1日施行的《征兵政治考核工作规定》第8条规定，曾被刑事处罚的公民不得征集服现役。这里其实就涉及违法前科这一概念。因此，为了准确清晰地表达概念意思，本书中将其统一称之为犯罪前科，而犯罪前科是犯罪记录的一种重要表现形式，两者的基本概念本质是不同的。

在科学区分和理解前科、犯罪前科与犯罪记录基本概念的前提下，轻微犯罪记录封存并不直接意味着犯罪前科消灭。只是在轻微犯罪记录封存期间，轻微犯罪人不会受到犯罪附随后果对生活、就业或者工作等所带来的各种不利影响，其因为犯罪行为而留在公安司法机关的案卷载体等仍然存在，不会因为封存而直接灭失；此外，在法定情形下，轻微犯罪记录封存还对应着所谓的"解封"问题。而犯罪前科是已然的历史，不可能真正被抹掉或者消除。犯罪前科消灭中的"消灭"不是指所谓物理意义上去毁掉某个事物而令其彻底消失，而是在规范意义上让该事物丧失其价值或者影响。[1]

---

〔1〕 参见郭理蓉：《轻罪刑事政策研究》，中国法制出版社 2023 年版，第 212 页。

第二章

轻微犯罪记录封存制度构建的
基本法理分析

在我国语境下，轻微犯罪记录封存制度处于探索认知阶段，加之我国自身的司法实践情况。为此，需要从学术理论层面上找准构建的相关理论依据和支撑。

一、犯罪附随后果理论

日本有学者认为，犯罪附随后果的本质是脱离刑罚本身的一种"制裁"，即"针对违反社会规范的行为，以否定或者促进行为人放弃此种行为为目的而启动的反作用力，其内容是剥夺一定的价值、利益或者赋课一定的负价值或者不利益"。[1]我国学术界普遍认为，犯罪附随后果主要是指在刑事法律法规之外，针对犯过罪或者受过刑事处罚的人员所创设的一种限制性处罚后果，其通常表现为对犯罪前科或者其家庭成员、亲属等适用的，对特定权利和资质的限制、禁止或者剥夺。其主要包括规范性附随后果和非规范性

---

〔1〕 参见［日〕左伯仁志：《制裁论》，丁胜明译，北京大学出版社2018年版，第6页。

附随后果两部分：一方面，犯罪人在一定时期内所承受的既来源于刑法和其他部门法的规范性评价；另一方面，犯罪人也受到社会道德等非规范性评价对自由与权利的减损及义务的增添的法律状态。[1]申言之，犯罪附随后果的主要目的在于通过限制犯罪人及其亲属权利的方式来进一步实现对犯罪的社会预防效果。犯罪附随后果作为对犯罪人员"后备惩罚"。对重罪设置刑罚附随后果，主要是实施"门槛控制"，即阻止潜在的犯罪人员进入特定的领域和区域，因而在预防再犯、维护特定职业利益等方面具有积极价值。

犯罪学基本原理表明，随着社会的进步与发展，犯罪也在不断地演进变化，当代社会的犯罪成因往往是纷繁复杂的，犯罪表现和类型是多元化的，这从根本决定了犯罪结构呈现出"微罪——轻罪——重罪——极重罪"的鲜明阶梯化特征。不可否认的是，通过强化犯罪附随后果，确实可以在一定程度上降低再犯的可能性，但并非对所有犯罪均适用。对轻微犯罪记录进行封存而言，由于犯罪人的主观恶性较小、社会危

---

[1] 参见邹子铭：《轻罪扩张背景下的犯罪附随后果研究》，载《法学杂志》2023 年第 6 期，第 155 页。

险较小、复归社会愿望强烈以及社会容忍度较高等因素综合作用，犯罪人往往可能会倍加珍惜所给予的一次改过自新的机会，从而更为有效地降低再犯的可能性。强化犯罪附随后果主要是传统刑罚理论中惯有模式所体现的"猛药去疴"罪刑观念下的"严惩"逻辑；而轻微犯罪记录封存则是现代刑事司法文明背景下所凸显的"宽容大度"理念下的"激励"逻辑。

因而，若不对犯罪结构作以阶梯化的科学区分，而一味期望对包括轻微犯罪在内的所有犯罪均强化犯罪附随后果来降低再犯可能性，无疑会树立越来越多的社会对立面，进而会持续增加社会治理的成本与不稳定指数，同时也会消耗大量的司法资源和社会资源。正如有学者所言："刑法的终极目的并非无尽的恨意与杀戮，而是无限的爱意与和平。刑罚所要最终达到的效果并不在于惩罚已犯罪的犯罪人，而是指引更多的未犯罪的行为人以及教育改造犯罪人。"[1]

---

〔1〕 郑二威：《我国犯罪记录整体封存的制度构建》，载《法制与社会发展》2023 年第 4 期，第 89 页。

二、恢复性司法理论

早在 2002 年 4 月，联合国预防犯罪和刑事司法委员会通过了《关于在刑事事项中采用恢复性司法方案的基本原则》。其对"恢复性司法程序"作出定义："恢复性司法程序，是指在调解人帮助下，被害人、犯罪人和任何其他受犯罪影响的个人或者社区成员，共同积极参与解决由犯罪造成的问题的程序。"恢复性司法理念的核心观点认为，所谓的公正仅仅是刑事司法系统的基础性目标，在达到公正之后，更为重要的是修复犯罪人所破坏的社会关系，刑事司法系统并非一定是敌对的输赢关系，而是有更深层次的怜悯、同情等情感因素的双赢关系，这才是更为有益于社会的关系。若要追寻这一双赢关系的哲学根基，那就不得不落在宽恕上，只有在宽恕的哲学理念下，才能构建刑事司法系统的更高的目标：为社会、为被害人、为犯罪人来补偿、修复和重建社会关系。德国学者指出："一个负有社会国家原则义务的国家，不能仅满足于对违法者的处罚，而且还必须考虑到，在刑罚执行完毕

后，他能够在社会上重新找到一个适当的位置。"〔1〕

　　轻微犯罪记录封存制度的建构与实践从本质上契合上述恢复性司法理念的主旨要义，既有助于进一步促使轻微犯罪人更好复归社会，解决其所面临的实实在在的困难；也有助于进一步有效预防再犯，达到稳定社会秩序和降低社会治理成本的价值目标，能够同时兼顾犯罪人、被害人、国家、社会公共利益等各方关切和利益，从而形成一种较为典型的"共赢"刑事司法格局。从域外经验观察，轻微犯罪记录封存制度被越来越多的国家和地区所认可接受。

　　在我国新时代轻罪治理的背景下，探索构建起中国特色的轻微犯罪记录封存制度，能够较好地体现恢复性司法理念的原则精神和主要内涵。具体而言，一方面，对于犯罪人而言，轻微犯罪记录封存制度有助于其更好地复归社会，尤其是充分保障其就业和劳动权，从而开启新的人生旅程，避免再次犯罪；一方面，对于国家和社会而言，轻微犯罪记录封存制度有助于促进、安定社会秩序、降低犯罪治理成本等良效；另

---

　　〔1〕 ［德］汉斯·海因里希·耶赛克、托马斯·魏根特：《德国刑法教科书》（下），徐久生译，中国法制出版社 2017 年版，第 207 页。

一方面，对于被害人而言，化解被害人与犯罪人之间的矛盾、促进破损的社会关系修复也有着现实的积极意义。申言之，轻微犯罪记录封存制度为犯罪人、国家、社会以及被害人之间架起了一座可交流的"心灵桥梁"，这也是现代司法文明和社会文明的呼唤。

三、宽严相济刑事政策理论

宽严相济刑事政策是我国一项基本刑事政策，是在我国刑事司法发展实践中不断孕育生成发展的，是不断发展的社会现实生活与相对稳定的刑事法律规范之间的调节器，因而具有鲜明的中国智慧和本土特色表达。宽严相济刑事政策第一次被中央层面提出是在2004年12月召开的全国政法工作会议上。2010年2月8日，最高人民法院发布的《关于贯彻宽严相济刑事政策的若干意见》指出，宽严相济刑事政策是我国的基本刑事政策，贯穿于刑事立法、刑事司法和刑罚执行的全过程，其着重强调宽严相济刑事政策的总体要求是实行区别对待，做到当宽则宽、当严则严、宽严相济、罚当其罪，打击孤立极少数、教育感化大多数；坚持罪刑法定、罪刑相适应和法律面前人人平等的原则；根据社会以及犯罪情况的变化，依法适时调整从宽和从严的对象、犯罪和力度。[1]特别需要注意的是，宽严相济刑事政策中的"宽"与"严"是一个整体的两个方面，二者不是割裂的，一味地从宽或者一味地从严，均难以实现预期的效果。"宽"与"严"也并非简单并存的关系，而是应当保持得当的比例、紧密衔接和相互协调，方能体现轻重有序、区别对待，有效发挥刑事政策的公正价值与正向激励效果。

以我国当前的未成年人犯罪记录封存制度为例，根据我国《刑事诉讼法》的规定，对未成年人犯罪记录封存是"有限封存"，而非"无限封存"，即未成年人犯罪记录封存并非对所有的涉罪未成年人犯罪记录进行封存，其要求未成年人所犯罪行须是判处 5 年有期徒刑以下刑罚的较轻罪行，并非所有的罪行均可以适用犯罪记录封存制度，比如抢劫、杀人、恐怖活动犯罪等重大犯罪，就依法不予对其实施记录封存。这充分体现了宽严相济刑事政策的基本原则精神和主要

---

〔1〕　参见张云霄：《重析刑事政策基本问题》，中国社会科学出版社2021 年版，第 216 页。

内涵要义，不是一味地从宽，也不是一味地从严，而是宽中有严、严中有宽、宽严适度。同时，这也符合《联合国少年司法最低限度标准规则》内容，有助于实现未成年人特殊利益保护与社会公众一般利益保护的有机统一协调。

在此实践的基础上，全面准确贯彻宽严相济刑事政策，将犯罪记录封存的范围和对象从未成年人扩展到成年人，在准确界定轻罪与微罪的具体界分及各自范畴的基础之上，应当进一步把握好具体轻微犯罪的总体从宽或者总体从严情况，据此构建科学的分层分类的轻微犯罪记录封存制度，注意平衡好惩治预防功能与教育挽救功能两者关系、保护犯罪人权益与保障社会公共利益的关系，不能一味从宽和一律封存，[1]从而忽视社会公众诉求和社会安全价值的需求；与此同时，符合法定条件的，则"应封尽封""全面封存"，不能"存而不封"和"机械封存"，而损害轻微犯罪人的合法权益，以切实有效地帮助其复归社会。

---

〔1〕 参见赵国华、白秀峰：《在检察实践中创新落实宽严相济刑事政策》，载《检察日报》2024 年 12 月 21 日。

第三章

轻微犯罪记录封存制度构建的
主要背景素描

一项法律制度具体生成须根植于本国的特定环境土壤之中，才能具有长远的旺盛生命力及存在的合理必要性。构建新时代背景下中国特色的轻微犯罪记录封存制度，须对当前我国关于轻微犯罪记录封存制度建构的若干背景展开全景式的扫描和透视，从而力求寻找到符合科学而实际的发展路径。

一、我国轻微犯罪的基本情况

（一）我国轻微犯罪的基本立法情况

按照上述对于轻微犯罪概念的分析与理解就目前我国《刑法》结构来观察，正如有学者所言，"当下刑法正处于立法活跃时期，积极主义刑法观在中国确立起来，犯罪化趋势进一步加强"。[1] 1997 年《刑法》实施后，为有效应对社会转型过程中出现的各种风险，

---

〔1〕 参见周光权：《积极刑法立法观在中国的确立》，载《法学研究》2016 年第 4 期，第 23 页。

我国相继颁布了 12 部《刑法修正案》，所增加的犯罪类型从以自然犯、实害犯为主，向法定犯、行为犯、危险犯转向；增设的危险驾驶罪、危险作业罪、代替考试罪、高空抛物罪、妨害安全驾驶罪、催收非法债务罪等罪名，在轻罪轻罚维度上体现为刑法的"严而不厉"。仅从 2011 年《刑法修正案（八）》的颁布到 2023 年《刑法修正案（十二）》的实施，我国《刑法》所新增的轻微罪名超过了 20 个。据统计，在目前我国《刑法》分则规定的 486 个罪名中，法定最高刑为 3 年有期徒刑及以下的达 264 个，占比为 54.3%。轻微犯罪的入罪化是我国近年来刑法革新的主要内容，并正成为不可逆转的主要趋势。[1]这是研究我国轻微犯罪记录封存制度不得不考量的重要因素之一。

（二）我国轻微犯罪的主要司法情况

2020 年 10 月 15 日，最高人民检察院发布《关于人民检察院适用认罪认罚从宽制度情况的报告》指出，特别是近 20 年来，刑事案件总数不断增加，检察机关

---

[1] 李思远：《实体与程序的互动：轻微犯罪记录封存的双重逻辑与面向》，载《新疆社会科学》2024 年第 6 期，第 79 页。

受理审查起诉犯罪从 1999 年的 82.4 万人增加到 2019 年的 220 万人；刑事犯罪结构发生重大变化，起诉严重暴力犯罪从 16.2 万人降至 6 万人，醉驾、侵犯知识产权、破坏资源等新型危害经济社会管理秩序犯罪大幅上升，被判处 3 年有期徒刑以下刑罚的轻罪案件占比从 54.4% 上升至 83.2%。此外，2020 年《最高人民检察院工作报告》显示 1999 年至 2019 年，检察机关起诉严重暴力犯罪从 16.2 万人降至 6 万人，年均下降 4.8%；被判处 3 年有期徒刑以上刑罚的占比从 45.4% 降至 21.3%。与此同时，新类型犯罪增多，"醉驾"取代盗窃成为刑事追诉第一犯罪，扰乱市场秩序犯罪增长 19.4%，生产、销售伪劣商品犯罪增长 34.6 倍，侵犯知识产权犯罪增长 56.6 倍。[1]据统计，因涉危险驾驶罪、帮助信息网络犯罪活动罪两个典型轻罪罪名而被起诉的人数，2022 年约为 42 万人，占全年起诉总人数的 1/3；2023 年则约为 50 万人，占全年起诉总人数的 30%。[2]

据最高人民法院统计，从 2011 年至 2018 年，全

---

〔1〕 参见陈卫东：《政法工作必须全面准确贯彻宽严相济刑事政策》，载《法治日报》2025 年 1 月 21 日。

〔2〕 参见最高人民检察院《刑事检察工作白皮书（2023）》。

国法院生效判决的轻罪人数已从 80 万人上升到 140 万人；其中，轻罪案件占比为 86.17%。2019 年 10 月 23 日，最高人民法院发布《关于加强刑事审判工作情况的报告》指出，我国刑事案件总体虽在高位徘徊，但判处 3 年以下有期徒刑的刑罚占比达到 81.6%。[1]此外，从《全国法院司法统计公报》所披露的主要数据来看，我国各级人民法院受理刑事案件被告人给予刑事处罚的人数已经从 2014 年的 1 164 531 人增至 2023 年的 1 660 251 人；其中，全国各级人民法院判处 3 年以下有期徒刑以下刑罚的被告人人数从 2014 年 980 056 人增至 2023 年的 1 431 315 人，增长率为 46.07%。仅就 2023 年的相关统计数据来看，全国法院刑事一审收案 1 229 811 件，危险驾驶罪占比为 27%；在生效判决被告人中，5 年有期徒刑以上刑罚的重刑率为 8.08%，3 年有期徒刑以下刑罚的占比为 86.21%，其中，宣告缓刑和判处刑罚不满 1 年的占比达 65.27%。

---

[1] 徐立、成功：《轻罪时代前科制度的内在诟病及其应对》，载《河北法学》2023 年第 5 期，第 23 页。

全国刑事案件被告人生效判决刑罚情况表[1]

年份	3 年以下	3 年以上	管制	拘役	缓刑	罚金	单处附加刑	免除刑罚	无罪
2011	365037	244495	14829	76683	309297	21092	22125	18281	891
2012	395574	254335	12853	112766	335302	22415	23602	18974	727
2013	405032	204494	14641	133044	356523	21245	24819	19231	825
2014	430664	184475	12226	145086	368129	23094	23951	19253	778
2015	467993	189384	11768	157915	363517	22785	23059	18020	1039
2016	467074	167725	9463	165161	366321	23664	23859	19966	1076
2017	416310	294295	7372	158860	347989	22944	22997	20684	1156
2018	571693	223474	7503	198508	401127	9733	9756	16711	819
2019	686734	267078	5860	258293	409103	10742	10889	21593	1388
2020	626900	258899	3908	214958	401697	8345	8487	11942	1040
2021	721729	255531	3139	275450	444332	6995	7063	7698	894
2022	587420	201114	2441	229301	399042	7383	7451	4096	631
2023	612588	223750	2221	250658	556422	9277	9426	4331	804

正如有学者所言，我国一直将打击严重暴力犯罪置于维护社会安全的首要任务，致力于切实保障民众的生命和财产安全。正是由于我国长期以来对犯罪治理问题的持续关注和坚定执着，我国犯罪结构才经历了纵深维度的重大调整，具体表现为"犯罪总量持续

---

[1]　参见 2011 年至 2023 年最高人民法院公布的《全国法院司法统计公报》。

递增""犯罪结构内部轻、重犯罪加速分化"的突出
特征。有关数据调查显示,我国民众的安全感从 2012
年的 87.55% 显著提升至 2021 年的 98.62%,我国已成
为世界上最安全的国家之一。上述包括轻微犯罪在内
的犯罪治理成效是我国轻微犯罪记录封存制度构建中
所要综合考量的主要因素之一。[1]

二、我国犯罪附随后果的主要表现

在我国语境下,犯罪附随后果表现得尤为严重,
已经严重阻碍了轻微犯罪人的复归社会之路,应当引
起各方的高度重视。具体而言:

(一) 犯罪附随后果的设定主体问题

当前犯罪附随后果的设定主体广、设定种类多、统
一和协调有待完善。除全国人大及其常委会外,政府机
关、行业协会等几乎都可对犯罪人设定工作及生活上的
相关限制,使得前科限制性规定散见于不同主体、不同

---

〔1〕 参见姚建龙:《理性对待轻罪时代》,载《学术月刊》2024 年第 7
期,第 93 页。

层级、不同位阶的文件，其内容涉及就业限制与职业禁止、入学及考试资格限制、户籍限制等。正如，有学者所言："（我国多数犯罪附随后果）在限制或者剥夺的时候很少从职业内在需求加以规范，而限制几乎所有有前科公民。"[1]据不完全统计，仅目前就业限制与职业禁止而言，涉及犯罪附随后果的对外公布的相关规范性文件多达362部，其中包括23部法律、15部行政法规、10部司法解释、6部部门规章、24部地方性法规、18部地方政府规章、262部地方规范性文件，而且类似的限制性规定每年都在不断增加，所波及范围的"水漾效应"在不断扩大。即使犯罪人在谋求超市职员、外卖员这样工作的时候，也被排斥在外。

（二）犯罪附随后果的若干侵权问题

根据我国现有的法律法规及相关规定，禁止或者限制有犯罪记录人员从事的职业几乎涵盖了我国《职业分类大典》所列举的除第五大类"农、林、牧、渔、水利生产人员"之外其他大类的有关职业。相关

---

〔1〕 王彬：《我国限制有前科公民就业资格的立法例考察——以就业歧视为视角》，载《法学》2009年第10期，第44页。

职业包括法官，检察官，人民陪审员，公务员，人民警察，民用爆炸物品的生产、销售、购买、运输和爆破作业人员，校车驾驶人，保安公司法定代表人和主要管理人员，驻外外交人员，配合公务用枪的专职守护人员，押运人员，注册建筑师，基金管理人，注册会计师，执业医师，律师，导游人员，对直销员进行业务培训的授课人员，拍卖师，教师，企业破产管理人，有关出口经营活动的人员，会计员，公证员，证券交易所理事、监事、高级管理人员，开办娱乐场所或者在娱乐场所内从业的人员，网络安全管理和网络运营关键岗位的工作人员，商业银行的董事、高级管理人员，司法鉴定业务人员，公司的董事、监事、高级管理人员，旅行社业务经营活动人员、评估业务人员，生产经营单位的主要负责人，注册测绘师，施工单位主要负责人、项目负责人，社会团体发起人、拟任负责人，服兵役人员，基金会理事长、副理事长或者秘书长，民办非企业单位拟任负责人，等等。

犯罪附随后果就业禁止情况部分统计表[1]

职业大类	主要职业 中类/小类/细类	职业禁止程度	职业禁止规范举例
第一大类 国家机关、党群组织、企业、事业单位负责人	中国共产党机关负责人；国家机关负责人；企业事业单位负责人等	几乎全面禁止	《公务员法》《法官法》《检察官法》《安全生产法》
第二大类 专业技术人员	工程技术人员；农业技术人员；经济与金融专业人员；法律、社会和宗教专业人员；教学人员等	禁止较多	《注册会计师法》《律师法》《公司法》《医师法》《资产评估法》《食品安全法》
第三大类 办事人员和有关人员	办事人员（行政业务办理人员、行政执法和仲裁人员等）；安全和消防人员（人民警察、保卫人员、消防和应急救援人员）	禁止较多	《人民警察法》《河北省公安机关警务辅助人员管理条例》《江苏省政府专职消防救援队伍管理办法》
第四大类 社会生产服务和生活服务人员	批发与零售服务人员；交通运输、仓储和邮政服务人员；住宿和餐饮服务人员；金融服务人员；居民服务人员；健康服务人员等	部分禁止	《食品安全法》《资产评估法》《商业银行法》《保险法》《导游人员管理条例》《国家铁路劳动用工管理办法》

---

　　[1]　参见魏麟、李春雷：《轻罪化背景下我国复权制度的构建》，载《中国人民公安大学学报（社会科学版）》2024年第3期，第25页。

续表

职业大类	主要职业 中类/小类/细类	职业禁 止程度	职业禁止 规范举例
第五大类 农、林、牧、 渔业生产及 辅助人员	种子繁育员、农艺工、护林员、林木采伐工、家畜饲养员、水产捕捞工、动植物疫病防治人员	禁止较少	《吉林省畜禽屠宰管理条例》
第六大类 生产、运输 设备操作人 员及有关 人员	农副产品加工人员；化学原料和化学制品制造人员；机械制造基础加工人员等	部分禁止	《校车安全管理条例》《易制毒化学品管理条例》《民用爆炸物品安全管理条例》
第七大类 军人		全面禁止	《征兵政治审查工作规定》

此外，诸多犯罪附随后果还直接影响到犯罪人复归社会后的基本权利保障。例如，丧失享有低保待遇的权利，按照河南省某市的规定，因犯罪受到刑事处罚的人员不得享受最低生活保障政策；丧失自主选择居住地的权利，北京、上海、广州、深圳等地明文将"无犯罪记录"作为申请落户的必要条件，《成都市居住证积分管理办法实施细则》规定，因刑事犯罪被处罚的减100分；子女丧失公平入学的权利，按照广东某市的积分入学规定，申请人父母近五年曾受到刑事

处罚的倒扣 100 分。[1] 此外，在社会信用方面，随着《社会信用体系建设规划纲要（2014－2020 年）》的出台，上海市、河北省、江苏省、河南省、广东省等陆续发布了有关社会信用的规范性文件，将轻微犯罪与社会信用的降级评价等挂钩。这种不加区分地限制或者剥夺犯罪人亲属在入学、就业及社会保障等方面的资格和权利，无疑是"刑罚株连"效应的体现，也是对现代刑法文明的罪责自负原则和比例性原则的严重背离。

（三）犯罪附随后果的无限期限问题

我国犯罪附随后果的期限没有立法依据，犯罪附随后果不是暂时的或者限制期限的，而是往往与犯罪人相伴终生，几乎没有任何期限限制，"犯罪标签"根本无法去掉。这不仅仅造成了犯罪人心灵上无法愈合的"伤疤"，而且将导致社会关系处于长期的更加撕裂的状态，进一步增加社会治理现代化的成本。

此外，在我国，失信惩戒措施原本是构建我国社

---

〔1〕 参见魏麟、李春雷：《轻罪化背景下我国复权制度的构建》，载《中国人民公安大学学报（社会科学版）》2024 年第 3 期，第 24 页。

会信用体系的重要措施之一。失信惩戒措施大致分为三类：（1）公共管理机构依法依规实施的减损信用主体权益或者增加其义务的措施；（2）公共管理机构根据履职需要实施的相关管理措施，不涉及信用主体权益或者义务增加；（3）由公共管理机构以外的组织自主实施的措施。根据《全国失信惩戒措施基础清单（2022年版）》的规定，第一类措施包括限制市场或者行业准入、职业禁止或者从业限制、限制任职、限制消费、限制出境、限制升学复学等；第二类措施包括限制申请财政性资金项目、限制参加评先评优、限制享受优惠政策和便利措施、纳入重点监管范围等；第三类措施包括纳入市场化征信或者评级报告、从严审慎授信等。但是，我国失信惩戒措施已被异化为犯罪的附随后果之一。有学者将"犯罪附随失信惩戒措施"界定为：在行为人刑罚执行完毕后，对其附加适用失信惩戒措施，追究其社会信用责任的过程。社会公众普遍认为，"犯罪即失信"。当前，犯罪附随失信惩戒措施泛化与滥用的现象越发严重，表现为不区分犯罪轻重的直接附随失信惩戒措施，也不区分犯罪主观的直接附随失信惩戒措施。比如，在各地探索制定

的失信惩戒措施制度中，通常将犯罪行为一律认定为
失信行为。[1]

---

〔1〕 参见李兰英、何金洋：《论犯罪附随失信惩戒措施的法治化进路》，载《南京大学学报（哲学·人文科学·社会科学）》2024 年第 2 期，第 52~54 页。

第四章

轻微犯罪记录封存制度
构建的域外情况考察

一、美国犯罪记录封存制度

美国未成年人犯罪记录封存制度的确立深受刑事政策演变影响。20世纪50年代，学界提出未成年人比成年人更容易接受康复，主张以"康复性"替代"惩罚性"处理方式，建议封存其犯罪记录以消除污名效应。1956年，美国全国假释会议首次呼吁制定未成年人犯罪记录封存或清除法律，成为犯罪记录封存制度化的起点。1974年《青少年司法与犯罪控制法》推动了各州在少年法庭法、刑事程序法等法律中明确规定该制度。

美国犯罪记录封存主要针对如盗窃、轻微毒品犯罪等非暴力轻罪，因为该类犯罪社会危害性较低，行为人再社会化可能性更高；而性犯罪、暴力犯罪等社会危害性较大、行为人主观恶性较强的被排除在外。

犯罪记录封存程序以申请为启动方式，需本人或监护人主动向法院提交申请，并支付费用（部分州免除）。法院经审查是否满足刑罚完成、无新犯罪记录等条件后作出裁定。采用申请制的意义在于通过法院审查确保封存条件落实，并在保障未成年人权益的同时兼顾公共安全需求。

犯罪记录封存引起的法律效果是记录不对公众开放查询，青少年在申请学校、求职等重要生活事项上可合法否认自己的犯罪记录。体现了犯罪记录封存制度以保护隐私权，减少犯罪记录对青少年未来生活的负面影响为目的。当出现例外情形时，犯罪记录也可以查询或解封，例如执法、司法机构为办案需要可查询被封存的犯罪记录；涉及国家安全、公共安全或再审案件时可解封犯罪记录等。

在实践中，犯罪记录封存面临申请率低和效果有限的困局。因申请程序复杂，律师费用高，信息不对称等原因，现实中只有少数未成年人犯罪人会申请封存其犯罪记录。另外，犯罪记录封存难以真正有效阻断犯罪信息流入社会，封存后记录仍可能通过商业数据库泄露，且新闻报道、裁判文书公开导致信息难以彻底消除。目前，在美国出现了犯罪记录自动封存取代申请封存的趋势，华盛顿州、加利福尼亚州等推行犯罪记录自动封存制度，例如华盛顿州立法规定犯罪人满 18 周岁且符合条件时无需申请，一定程度缓解了申请率低的困境。

二、德国未成年人犯罪记录封存制度

德国未单独设立未成年人犯罪记录封存制度，而是将未成年人纳入轻微犯罪记录封存体系统一规范，主要规定于《中央联邦登记簿法》（Bundeszentralregistergesetz，BZRG）。

德国存在浅度封存（Eintragung unter Tilgungsvorbehalt）和深度封存（Tiefentilgung）并存的双阶犯罪记录封存体系。浅度封存的犯罪，封存后仍可在法律规定的 11 种特定情形下被调取，例如司法机关办案、刑事侦查或国家安全需要。浅度封存的法律效力是行为人可开具无犯罪记录证明，但在效力不覆盖到的品行证明方面（erweitertes Führungszeugnis），仍可能显示性犯罪等记录。深度封存（Tiefentilgung）会引起彻底删除记录的后果，仅限五种例外情形可重新启用，例如国家安全、再审程序或涉及武器许可等。被深度封存的犯罪，后续司法活动不得提及行为的前科，行为人能够完全摆脱犯罪标签。

德国的犯罪记录封存以考察期为前置条件，行为人经过考察期，满足考察期要求后，其犯罪记录方可被封存。法律规定，就刑罚少于 90 日额罚金或 3 个月监禁的微罪，需要经过 5 年考察期再加上 1 年"犹豫期"（Reifungsfrist）；就刑罚在 3 个月到 1 年之间监禁的轻罪，需要经过 10 年考察期再加上 1 年犹豫期。考察期自首次判决生效之日计算。设置犹豫期的作用在于防止考察期满时新罪判决未及时录入，确保行为人无再犯记录。德国存在针对未成年人犯罪记录封存的特殊规定，在考察期设置上，未成年人犯罪多适用微罪封存标准，且时间间隔较短。

性犯罪和累犯适用犯罪记录封存需受到更严格的考察期限制。若触犯《德国刑法典》第 174～184 条等性侵儿童、青少年罪名，即使刑期小于 3 个月，深度封存犯罪记录也需满足 10 年的考察期。如果登记簿中有其他犯罪记录，轻微犯罪封存考察期限从 5 年延长至 10 年。若存在多项犯罪记录，需全部满足封存条件方可删除任一记录。

在程序上，德国以依职权启动为主。在考察期届满后，司法机关会主动审查案件是否符合封存的条件。在考察期内，行为人也可以因就业受阻等特殊困境申请提前封存犯罪记录，是否允许封存则由联邦司法局审批。

在封存决定作出后，会产生禁止取用的法律效果，行为人的犯罪记录不得被用于就业审查。另外，品行证明制度与犯罪记录封存制度相配套。在犯罪记录封存后，普通品行证明（Führungszeugnis）中可显示"无犯罪记录"。扩展品行证明制度是浅度封存的例外，行为人申请用于接触未成年人的职业时，若有性犯罪历史，犯罪记录会予以保留，直到犯罪记录被深度封存。

保障人格权在德国拥有极其重要的地位，支持犯罪人再社会化的制度与《德国基本法》第 2 条的人格权保护条款相契合。但是，部分学者认为现行犯罪记录封存制度存在对犯罪人的过度保护，对再犯新罪的犯罪人仍可封存前科记录的做法违反法律平等保护原则。

三、英国犯罪记录封存制度

同德国一样，英国没有设立独立的未成年人犯罪记录封存制度，未成年人犯罪记录管理纳入统一的犯罪记录查询体系（Disclosure and Barring Service，DBS）。DBS 体系由 1997 年《警察法案》确立的犯罪记录局（Criminal Record Bureau，CRB）与 2000 年《护理标准法案》设立的"保护弱势群体项目"（POVA）整合而成。2012 年《保护弱势群体法》修正案进一步将两者合并为 DBS 制度，形成覆盖儿童及弱势成年人的分级查询系统。

DBS 制度旨在为雇主等确有查询犯罪记录需求的主体提供背景调查服务，其设置了四个不同级别的犯罪记录查询服务：基本，标准，增强与限制从业名单。基本检查适用于任何个人、任何目的，所提供的信息包含定罪的详细信息和根据 1974 年《罪犯改造法》（Rehabilitation of Offenders Act）认定为有效的警告。其他三种查询方式能够获取更多的犯罪信息，包括失效和未失效的定罪、警告、申斥等，但对查询主体和理由都有严格限制。查询主体限定为在 DBS 注册的特定机构，事由主要是对涉及儿童、老人、残障人士的岗位（如护理、家政、社会工作等）求职者的背景调查，以确保从业者无虐待犯罪前科。

　　英国的犯罪记录封存制度是一种许可查询模式，犯罪记录被视为兼具个人隐私与公共安全属性的信息，对犯罪记录的有限访问体现了对行为人个人隐私的保护，但涉及护理、教育等职业时，法律则侧重保护属于弱势群体的公共利益。

第五章

轻微犯罪记录封存制度构建的
实践历程透视

我国轻微犯罪记录封存实践主要是从涉罪未成年人领域开启，经过十余年的不断实践发展，已取得了较为显著的积极效果，也为我国轻微犯罪记录封存制度建设提供了诸多有益经验与相关思考。

一、主要发展历程的审视分析

我国轻微犯罪记录封存制度实践的发展历程可大致划分为三个主要阶段：

（一）探索萌芽阶段

在 2012 年之前，我国对于轻微犯罪记录封存制度的探讨主要集中在学术研究领域，诸多专家学者提出了与轻微犯罪记录封存制度相关的重要学术观点，比如未成年人犯罪记录封存、犯罪前科消灭等，为后续开展轻微犯罪记录封存制度构建的探索提供了诸多学术思路依据和支撑。

从司法实践来看，2003 年 12 月，河北省石家庄市长安区人民法院在全国首先制定了《"未成年人前科消灭"实施办法》，其中规定对初犯、偶犯且罪行较轻的未成年犯罪人，如果确有悔改表现，遵纪守法不致再犯新罪的，可由法院作出撤销其前科裁定，出具前科消灭证书。随后各地司法机关开展了相关的探索实践。2006 年 11 月，上海市人民检察院宣布将全面推广试行未成年人刑事案件的污点限制公开制度。2007 年，四川省彭州市人民法院实施《少年犯"前科消灭"试行方案》，即对于在校未成年人的过失犯罪或者危害性不大的轻微刑事犯罪，经申请可以裁定撤销其刑事处罚记录，相关刑事法律文书不再记入档案；2007 年，山东省青岛市综治委、市中级人民法院和教育局等联合下发《关于落实被判处缓刑、管制、免刑、单处罚金等非监禁刑的未成年人复学、升学问题的意见》规定，在升学时或者继续就学期间，表现较好的，可在档案中不记入前科劣迹。2009 年，山东省乐陵市人民法院等 11 部门联合下发文件，规定对处刑在 3 年以下有期徒刑、拘役、管制、单处罚金、免除刑罚的未成年人，在刑罚执行完毕后其前科自然消灭，由本人或者家人提出申请，可报批后发放前科消灭证书。[1]

此外，2010 年，河南省委办公厅、省政府办公厅联合下发《河南省加强社会建设、创新社会管理工作任务分解实施方案》，这份文件部署开展对未成年初犯偶犯违法犯罪记录注销试点工作。2010 年，河南省平顶山市政法委等十部门联合下发《平顶山市未成年人轻罪犯罪记录封存实施意见》，其规定犯罪时不满 18 周岁，或已满 18 周岁不满 23 周岁的在校学生，被判处较轻刑罚后，符合一定条件的，平顶山两级法院可将其轻罪犯罪记录封存，保障其在复学、升学、就业时与其他未成年人享有同等权利，不受社会歧视，从而最大限度地发挥刑罚的教育矫治功效。[2]

整体来看，这一时期是轻微犯罪记录封存制度的探索萌芽阶段，地方性的制度设计具有探索性和一定的创造性，其对于涉罪未成年人回归社会发挥了一定的功效。但由于并无科学周全的国家顶层制度设计和具体

---

〔1〕　参见郭理蓉：《轻罪刑事政策研究》，中国法制出版社 2023 年版，第 213 页。

〔2〕　陈璐：《完善未成年人犯罪记录封存制度的思考——以河南省实践为样本》，载《社会科学家》2018 年第 6 期，第 120~121 页。

的配套实施细则，从而表现出比较混乱的状态。[1]比如，由于封存效力和范围的有限性，社会公众仍可以方便地获得犯罪人的相关信息，实质上已演变为一种"表面封存"。

（二）初步确立阶段

2012年《刑事诉讼法》专门规定了未成年人犯罪记录封存制度，其主要包括：第一，在适用主体方面，犯罪人须为实施犯罪时不满18周岁的未成年人；第二，在适用刑罚方面，犯罪人须被法院判处五年有期徒刑以下刑罚；第三，在封存效力方面，未成年人的犯罪记录一经封存，除法律规定的例外情形外，司法机关不得向任何单位和个人提供，不允许其他人员查阅、摘抄或者复制；第四，允许查询的例外规定有两种，一为司法机关为办案需要，二为有关单位根据法律规定进行查询，其中有关单位在依法进行查询之后，还须恪守保密义务。2012年，最高人民法院等五部门联合出台《关于建立犯罪人员犯罪记录制度的意见》，

---

[1] 参见郑二威：《我国犯罪记录整体封存的制度构建》，载《法制与社会发展》2023年第4期，第83页。

其进一步明确了犯罪记录查询权限。这标志着我国轻微犯罪记录封存正式率先在未成年人司法领域得以实践。之后，各地也纷纷积极开展此项工作，比如，2013 年 7 月 18 日，河南省人民检察院牵头制定了《未成年人犯罪记录封存实施办法》，对未成年人犯罪记录的封存条件、封存内容、封存程序等作出了一般性规定，此后许多基层检察机关结合自身实际，制定了相关的实施细则。还比如，2014 年，浙江省 12 个部门联合出台《关于未成年人犯罪记录封存的实施办法（试行）》，这 12 个部门包括浙江省委宣传部、共青团、浙江省委、省妇联、省关工委、省教育厅、省公安厅、省检察院、省高院、省司法厅、省人社厅、省军区政治部，其中牵头机关是省检察院。该办法的制定主体几乎涵盖了所有涉及未成年人犯罪记录材料的有权机关，其规定的内容也涵盖了从刑事案件的立法侦查到未成年人人事档案的归档整理、升学就业的全阶段，将未成年人犯罪案件的封存对象范围、封存内容、封存程序、责任分工及对被封存记录的涉罪未成年人的保护措施等均作出了具体规定，并规范了政法单位的自我约束、保密义务、告知义务以及与教委、团委的工作协调、配合机制等。这一做法为未成年人犯罪记录封存制度的实施提供了可操作性的具体依据，得到越来越多省份借鉴。[1]

但在之后的实践中，还是出现了规定内容较为原则、规范性文件效力不高、相关部门配合衔接不畅、适用标准和条件混乱、为封存而封存的"机械封存"、权利救济渠道缺乏、犯罪记录查询随意、法律监督缺位等突出问题，可操作性较差。[2]此处，以未成年人《无犯罪记录证明》开具为例，相关执行机关或者部门对此认识不一、做法多样，"选择性执法"问题非常突出，具体而言：有的经查询后，认为符合条件可以直接开具《无犯罪记录证明》；有的以没有明确部门规定为由，不愿开具《无犯罪记录证明》；有的提出要经领导批准后，以领导的决定为依据，选择性开具《无犯罪记录证明》；有的则尽管开具了《无犯罪记录证明》，但在具体内容表述上却详细载明未成年人曾被刑事拘留、取保候审等记录；还有的对没有犯罪

〔1〕 陈璐：《完善未成年人犯罪记录封存制度的思考——以河南省实践为样本》，载《社会科学家》2018 年第 6 期，第 125 页。

〔2〕 参见罗世龙：《我国未成年人犯罪记录封存制度之反思与完善》，载《暨南学报（哲学社会科学版）》2018 年第 2 期，第 43 页。

记录人员开具打印版的《无犯罪记录证明》，对被封存犯罪记录的未成年人开具手写版的《无犯罪记录证明》，熟知当地做法的人从形式上便可以推断出其是否存在犯罪记录。[1]

为进一步推动未成年犯罪记录封存制度的实质化运行，加强对基层公安司法机关的实践指导力度，最高人民法院、最高人民检察院等相继出台了一系列规范性文件。2021 年 12 月公安部制定了《公安机关办理犯罪记录查询工作规定》（以下简称《查询规定》），其表明所谓的犯罪记录有限查询模式在我国的确立。根据其第九条规定，对于个人查询，若未发现申请人有犯罪记录，国家专门机关应当出具《无犯罪记录证明》；若发现申请人有犯罪记录，国家专门机关应当出具《不予出具无犯罪证明记录通知书》。对于单位查询，查询结果以《查询告知函》的形式告知查询单位。可见在一般情况下，只要行为人曾经犯过罪且有犯罪记录，那么其就无法获得无犯罪记录证明。但同时，该《查询规定》第 10 条规定了"禁止查询规

---

〔1〕 宋英辉、杨雯清：《我国未成年人犯罪记录封存制度研究》，载《国家检察官学院学报》2019 年第 4 期，第 21~22 页。

则",即对于未成年人犯罪,即使其曾经犯过罪且有犯罪记录,但在符合未成年人犯罪记录封存的条件时,其查询结果原则上依法是国家专门机关同意出具《无犯罪记录证明》的情况。

此外,最高人民法院、最高人民检察院、公安部、司法部于 2022 年联合发布《关于未成年人犯罪记录封存的实施办法》(以下简称《封存实施办法》),其主要进步性体现为:第一,《封存实施办法》进一步明确了未成年人犯罪记录的内涵与外延,消除了外界对何为"犯罪记录"的争议与误解,同时在"应封尽封"思想的价值理念指导下,将犯罪记录内容细化为侦查、起诉、审判及刑事执行过程所形成的未成年人犯罪记录或者涉嫌犯罪的全部案卷材料与电子档案信息,既包括纸质版的材料,亦包括电子档案信息。其主要包括对于不予刑事处罚、不追究刑事责任、不起诉、采取强制措施的记录,以及对涉罪未成年人进行社会调查、帮教考察、心理疏导、司法救助等相关记录。第二,《封存实施办法》明确了未成年人犯罪记录的个人信息属性,即应当以个人信息保护的规则为依据,建立专门的档案库来严格保管所有案件材料,未经法定查询程序，不得进行信息查询、共享及复用，不得将封存的未成年人犯罪记录数据对接或者提供给外部网络平台。第三，《封存实施办法》赋予了部分无罪案件中未成年人及其法定代理人封存犯罪记录的选择权，即"未成年人因事实不清、证据不足被宣告无罪的案件，应当对涉罪记录予以封存；但未成年被告人及其法定代理人申请不予封存或者解除封存的，经人民法院同意，可以不予封存或者解除封存"。第四，《封存实施办法》进一步明确了公安机关、检察机关、法院三机关均为未成年人犯罪记录封存制度的实施义务主体，并应在各自职权范围内"分工负责"，初步解决了公安机关、检察机关、法院三机关在司法实践中职责不明、衔接不畅的具体问题。第五，《封存实施办法》完善了未成年人犯罪记录封存后解封的情形，除"实施新罪"和"发现漏罪"情形外，还增加了经审判监督程序改判 5 年有期徒刑以上刑罚的，也应当予以解封。第六，《封存实施办法》新增了涉罪未成年人权利救济的规定，规定了对于故意违规泄露未成年人犯罪记录或者隐私信息的法律责任。第七，《封存实施办法》明确规定了检察机关为未成年人犯罪记录封存工作的法律监督机关，检察机关可以在法定情形下依法介入并开展监督，从而更好地保障涉罪未成年人的合法权益。这促使我国未成年人犯罪记录封存制度进一步落地，初步解决了实践中一些突出问题，取得了较好的效果，也为进一步探索我国轻微犯罪记录封存制度构建提供了良好的样本和素材。但仍然应当看到，制约未成年人犯罪记录封存制度有效实施的深层次结构性问题仍没有完全解决，其他国家机关和社会公众如何有序参与并发挥作用的问题仍然需要进一步明确。

（三）发展深化阶段

2024 年以来，我国未成年人犯罪记录封存制度实践进一步走深走实，已开始由"机械封""被动封"全面转变为"全程封""主动封"。例如，河南省渑池县人民检察院未成年人犯罪记录封存制度执行法律监督模型在最高人民检察院平台上架。2024 年以来，全国检察机关已应用成案 399 件，有效推动监督模式实现"三大转变"，切实将制度优势转化为治理效能。一是推动监督方式从"事后"走向"全程"。该模型通过建立应封存人员数据库，与公安、法院、司法等部门已封存数据比对，筛查"应封未封"等异常线索，核查后对违规单位制发检察建议督促整改，形成"数据识别—线索核查—整改反馈"完整监督链，并结合定期检查、随机抽查、专项督查等多种手段，实现了对封存制度执行的全流程、多维度覆盖。二是推动监督内容从"单一"走向"全面"。监督范围精准覆盖档案封存、查询权限管控、无犯罪记录证明出具等关键环节，既推动历史案件专项补封，也严格审查查询日志与事由，并通过监督纠正拒绝开具证明等个案，切实保障涉案未成年人就业等合法权益落地。三是推动监督力量从"单打独斗"走向"协同发力"。通过建立每月会商机制，与相关部门协同整改发现问题，并依托模型锁定违规行为，依法启动问责，畅通救济渠道，构建多方联动、权责清晰、保障有力的协同监督格局，确保犯罪记录封存制度的实质化运行效果。

2024 年 7 月 18 日，二十届三中全会通过《中共中央关于进一步全面深化改革　推进中国式现代化的决定》，其明确提出建立轻微犯罪记录封存制度，这标志着我国对轻微犯罪记录封存制度的认知和理解又迈出重要一步，其适用范围将会进一步扩展至成年人犯罪领域，凸显了我国刑事司法政策更加注重"教育与挽救并重"的价值理念，是新时代背景下我国犯罪治理尤其是轻微犯罪治理的一次具有深远意义的举措创新和任务行动。

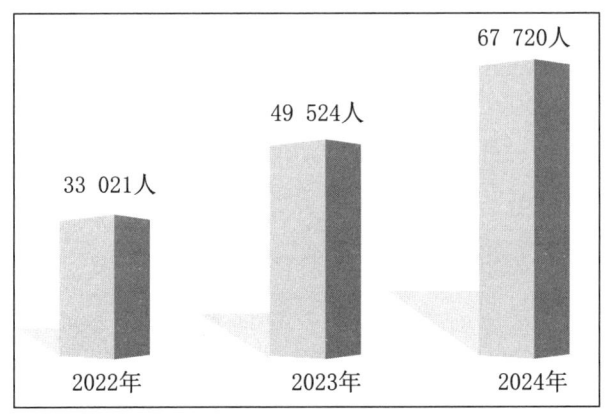

2022 年至 2024 年未成年人犯罪记录封存制度落实情况图

紧接着，最高人民法院发布的《人民法院第六个五年改革纲要（2024—2028 年）》提出"推动建立轻微犯罪记录封存制度"。2025 年以来，我国进一步加快推进轻微犯罪记录封存制度的探索步伐。2025 年全国"两会"之际，周光权代表提交《关于贯彻落实二十届三中全会精神，推动轻微犯罪记录封存制度尽快落地的建议》，其表示："当然也要消除一些误解，有的社会公众可能觉得没必要对犯罪人太宽容，但其实这些人犯的是轻罪，而且有一些人之前是很优秀的人才，比如科学家、教师、企业家等，因为各种各样的原因犯轻罪，在受到刑事处罚后，他们已经为自己的犯罪行为付出代价，应当在犯罪之后赋予其出路，不管是对犯轻罪者及其家庭，还是对社会来说都是一件好事，能让社会更安全，更充满温度。"此外，最高人民检察院苗生明副检察长表示："建立轻微犯罪记录封存制度，有助于加强人权司法保障，最大限度减少社会对立面，化消极因素为积极因素，而且与我国宽严相济刑事政策相契合……接下来，最高人民检察院将在党中央和中央政法委统一部署下，结合司法实践，积极推动建立轻微犯罪记录封存制度，以促进法治完善与社会和谐稳定。"[1]上述政策及实践均表明在新时代背景下，我国轻微犯罪记录封存制度建构将进一步走深走实。

二、具体实践过程的经验启示

上述我国未成年人犯罪记录封存制度的建立与具

---

[1]《全面准确贯彻宽严相济刑事政策》，载《新京报》2025年3月7日。

体实践呈现出"地方层面创新试点——国家层面统一规范——地方层面具体实施——国家层面总结经验并统一立法"的发展路径轨迹。正是由于历经艰辛的循环往复的不断探索，才使得我国未成年人犯罪记录封存制度实施具有显著效果和长久生命力。我国未成年人犯罪记录封存制度的施行为接下来我国继续探索轻微犯罪记录封存制度提供了以下几点有益思考：

（一）两者的构建价值理念有所不同

轻微犯罪记录封存制度构建中所秉持的价值理念与既有的未成年人犯罪记录封存制度应当有所区别。未成年人犯罪记录封存制度的核心理念在于教育矫治功能的发挥，是"儿童福利思想"的产物，重点在于最大限度地帮助和促进涉罪未成年人健康成长，因为涉罪未成年人由于心理与生理还未完全成熟，其再塑造性较强，而且诸多青春期的越轨行为也会随着年龄的增长和心智的成熟而被自然修正或者放弃。因而，未成年人犯罪记录封存制度更加侧重对未成年人的特殊保护与优先保护。[1]

但轻微犯罪记录封存制度建构首要解决的是轻微犯罪人顺利复归社会和劳动权的保障问题，避免其因为无限制的犯罪附随后果而沦为所谓的"二等公民"；同时还要重点兼顾再犯预防和社会秩序安全问题。为此，轻微犯罪记录封存制度更加侧重于对轻微犯罪人的一般保护。因而，两者制度构建的理念不同将会直接导致制度内容设计方面存在实质性差异。

（二）两者的所属法律制度有所不同

轻微犯罪记录封存制度构建中所属的法律制度体系有别于当前我国未成年人犯罪记录封存制度所属的法制体系。我国未成年人犯罪记录封存制度属于未成年人法律制度体系的重要组成部分，除了《刑法》与《刑事诉讼法》之外，主要是由《未成年人保护法》及《预防未成年人犯罪法》等法律法规作为配套实施依据的，充分体现了国家法律对未成年人的特殊保护与关照。

而轻微犯罪记录封存制度的适用对象为轻微犯罪的

---

〔1〕 参见李思远：《论轻微犯罪记录封存制度的构建》，载《清华法学》2024 年第 6 期，第 23 页。

成年人，其是在轻罪治理、社会治理与国家治理的宏观层面来设计与实施的，主要着眼于轻微犯罪人的生存与发展问题。除了《刑法》与《刑事诉讼法》的法律支撑外，还要面对《公司法》《就业促进法》等其他众多法律的调整与适配的问题。这也是我国轻微犯罪记录封存制度构建中所要加以认真系统考量的一项重要问题。

（三）两者的具体适用对象有所不同

轻微犯罪记录封存制度构建中应当注意，其适用对象上具有选择性，并非所有轻微犯罪记录均"一刀切"式地予以封存。目前我国未成年人犯罪记录封存适用于符合法定条件的所有未成年犯罪人，因为基于"教育、挽救、感化"的司法价值理念，以及未成年人可塑性强的特征，对其司法保护不应当存在所谓"差异性"对待，切实达到"应封尽封"的价值目标。

但对于轻微犯罪的成年人而言，其犯罪记录并非一律封存。从私人利益与公众利益关系、犯罪矫治与公共安全关系的"双平衡"角度出发，只有对初犯、偶犯的轻微犯罪人，国家有权机关才可以对其犯罪记录予以封存，给予一次"重启人生"的机会，帮助其顺利复归社会，同时也兼顾到社会公众的容忍度以及社会安全秩序价值的深度考量。而对于累犯、黑恶组织势力的参与者、恐怖活动犯罪的参与者以及有多次违法记录的则均不能适用轻微犯罪记录封存制度。因为其主观恶性和人身危险性均较大，对国家和社会安全秩序的影响较为严重。

（四）两者的实践操作难度有所不同

轻微犯罪记录封存制度构建中所面临的封存难度较大，需要更多的配套机制建设与有效协调。轻微犯罪记录封存制度的核心功能之一在于充分保障轻微犯罪人的个人信息权和隐私权，避免因轻微犯罪人犯罪信息的不当使用而造成犯罪附随后果的无限制扩大，最大限度地减轻犯罪记录对其生活、工作、婚姻、家庭等所造成的各项不利影响。

与未成年人犯罪记录封存制度相比，该制度构建首先所要面临的就是公开审判对其犯罪信息曝光问题。因为未成年人犯罪案件的审理秉持不公开审理原则；而对于轻微犯罪的成年人来讲，除涉及法定事由的情形外，其案件均应当公开审理，这就意味着其犯罪记录无法形成一个完美的"闭环"。此外，相较于涉罪未成年人而言，轻微犯罪人的工作和生活环境均较为复杂，且社会接触面广，其个人信息泄露的风险较大。因此，轻微犯罪记录封存工作的实践操作难度往往较大。

（五）两者的运行资源需求有所不同

轻微犯罪记录封存制度构建中还应当慎重面对可能存在的适用群体庞大的基数以及更多司法和社会资源消耗问题。从相关数据的统计来看，我国涉罪未成年人的数量占犯罪人员总量比重很小；但随着我国步入轻罪时代，轻微犯罪人越来越多，且占犯罪人员总量的比重越来越大。对其犯罪记录进行封存，则需要更多的资源需求。

此外，检察机关、法院分别配置专门的未成年人犯罪案件的办案组织和团队，基本能够保障未成年人犯罪记录封存工作的具体实施。但若面对群体庞大的轻微犯罪人来说，将会进一步挤占较为紧张的司法资源。这也是轻微犯罪记录封存制度构建无法直接"嵌套"既有制度的重要原因之一，需要在设计的时候予以特别考量。

第六章

轻微犯罪记录封存制度
构建的基本功能分析

任何一项法律制度的设计都必须承载明确且具体的基本功能，为该制度的具体运行提供清晰的价值导向和实施机制，从而切实有效地达到预设的效果。基本功能定位的模糊或者缺失则会导致制度运行出现"走样"甚至失败的后果。对于我国轻微犯罪记录封存制度而言，其构建须全面综合地考量轻微犯罪人、国家、社会及社会公众的多方利益，明确权利保障、犯罪预防、社会治理及法治教育等四项主要功能。

一、权利保障功能

轻微犯罪记录封存制度构建的首要功能应当聚焦轻微犯罪人的权利保障。因为根据现代刑事诉讼法治关于责任自负原则、比例性原则等基本价值理念，轻微犯罪人在接受完刑罚之后，其包括劳动权、居住权等在内的基本权利应当得到恢复，其身份也应回归为正常的国家公民；而非始终带着"犯罪标签"和所谓"赎罪"的愧疚感去工作和生活，甚至遭受社会歧视或者社会排斥而成为所谓的国家"二等公民"。此外，在刑罚执行完毕一段时间后，轻微犯罪人先前的犯罪行为也将失去对此后人身危险性的预测价值，也不应当成为国家和社会对其权利进行剥夺的理由。[1]因此，在轻微犯罪记录封存期间，轻微犯罪人的相关犯罪记录将被国家有权机关和相关组织予以严格保密，非经法定事由，严禁随意查询、泄露或者扩散。若轻微犯罪人此后没有任何违法情形问题，那么轻微犯罪记录将被永久封存。此外，轻微犯罪记录封存制度构建中，必须注意从国家和地方两个层面来清理所有与犯罪附随后果相关的法律法规及规范性文件，真正确保犯罪记录封存的实效，防止"纸面封存"的问题，从根本上保障在犯罪记录封存期间，轻微犯罪人作为普通公民所享有的各项合法权利。

二、犯罪预防功能

轻微犯罪记录封存制度的构建具体涉及国家刑事

---

〔1〕 魏麟、李春雷：《轻罪化背景下我国复权制度的构建》，载《中国人民公安大学学报（社会科学版）》2024年第3期，第23页。

司法领域问题，其不仅要关注轻微犯罪人的合法权利保障功能，而且还须认真回应现代社会中的犯罪治理问题，以实现有效犯罪预防的基本功能。

　　一方面，通过轻微犯罪记录封存制度构建与实施，可为轻微犯罪人顺利复归社会而扫除障碍、提供渠道、增加机会，从而最大限度地清除再犯的"土壤"，更加重视对轻微犯罪人的教育与矫治，进而达到犯罪预防的目的；另一方面，轻微犯罪记录封存制度构建过程中应当明确的是，犯罪记录封存并不代表着犯罪记录消灭，更不代表放纵犯罪、"一封了之"，轻微犯罪人在犯罪记录封存期间应当接受必要的考察及履行特定的义务；与此同时，犯罪记录封存也不意味着"绝对封存"，当基于必要的国家和社会安全需要之时，国家有权机关可依法定理由对其进行必要性查询。这其实也是在警示轻微犯罪人应当珍惜国家所释放的"善意"及改过自新的机会，不要因为犯罪记录被封存而存在再次犯罪的侥幸心理，否则犯罪记录将被依法解封，依然会受到国家刑事法律的制裁。因此，轻微犯罪记录封存制度建构过程中须充分考虑和融入犯罪预防这一重要的功能要素。

三、社会治理功能

犯罪治理是社会治理的一项独特而重要的子系统，并与其他社会治理内容之间发生着紧密的联系和交互。犯罪治理最终还是要回归到社会治理这一本源性问题。随着我国进入所谓的轻罪时代，大量的轻微犯罪往往触及了社会治理的"神经末梢"。在新时代背景下，推进社会治理现代化，是完善和发展中国特色社会主义、推进国家治理体系和治理能力现代化的重要内容。现代化的社会治理更加注重理性、文明、平和的要素内容，更加强调从根源上疏通包括犯罪问题在内的社会矛盾"管道"。

为此，中国特色的轻微犯罪记录封存制度的建构应当树立长远发展和系统设计思维，将社会治理的功能纳入考量范围，科学运用系统化的思维方法，将其视为国家和社会治理的重要组成部分，通过国家有权机关和社会组织等方方面面相互配合、协同支持、同向发力，共同高度关注和积极解决轻微犯罪人在受到刑罚之后所可能面临的一系列犯罪附随后果问题，避免其受到所谓的"二次惩罚"，做好轻微犯罪人复归社会的"后半篇文章"，给予其重新生活的希望与动力，促使其更加主动积极修复受损的社会关系和社会秩序，最大限度地减少社会对立面，化消极因素为积极因素，促进社会关系更为和谐健康，从而切实有效地减少社会治理的成本和资源，不断增强社会发展的活力和可持续性，有效增进社会福祉，进一步体现现代化社会治理的文明程度。

四、法治教育功能

法治教育功能是轻微犯罪记录封存制度的一项重要延伸功能，也是我国司法制度中普遍具有的一项特色功能，其主要是指公安司法机关以及其他国家有权机关在实施轻微犯罪记录封存过程中对轻微犯罪人以及社会公众所发挥的法治教育与感化作用。

法治教育功能发挥贯穿于轻微犯罪记录封存制度的设计与运行始终，体现着"润物细无声"的现代司法文明。一方面，对于轻微犯罪人来讲，通过轻微犯罪记录封存的实施，促使轻微犯罪人充分意识到犯罪成本巨大，同时给予其开启新生活、步入新轨道的一次机会与希望，促使其感受到国家与社会对其重视与关爱以及法律的权威、尊严与温度，达到法治教育的有效目的。另一方面，对于社会公众来讲，通过轻微犯罪记录封存的运行，促使社会公众进一步了解什么是违法犯罪、为何要预防违法犯罪以及应当如何做到守法，激发他们的主人翁责任感，增强社会主义法治意识；同时也继续引导社会公众如何理性看待轻微犯罪，及其如何有序参与到轻微犯罪记录封存工作中来等，增强法治意识，养成法治素养，自觉维护法治权威，从而实现法治教育的最终效果，进一步将国家法律规定的"硬约束"真正变为法治文明指数提升的"软实力"。

第七章

轻微犯罪记录封存制度构建的影响因子观察

轻微犯罪记录封存制度的构建是一项覆盖面广泛、涉及领域多元、敏感程度较高且极具复杂性的社会系统工程，其制度设计、运行效能、社会接纳度，不仅受到来自国家治理理念和政策导向等宏观因素作用的影响；而且受到包括来自社会经济基础、社会公众心理等微观因素作用的制约。因而，必须秉持系统性、辩证性和历史性的思维，对轻微犯罪记录封存制度构建的影响因子进行较为全面的分析，方能为该制度构建提供更加清醒、冷静且具有前瞻性的思考方向。

一、党和国家的宏观政策

在我国特有的政治体制与治理语境下，党和国家的宏观政策对于法律制度的创设、演进与完善具有无可争议的先导性与决定性作用。轻微犯罪记录封存制度构建不仅仅是一个单纯的法律层面问题，而且是一个非常重要的社会问题和国家治理问题，切切实实关系社会公众的劳动权、就业权以及生存权等诸多基本民生权利问题，其当然离不开党和国家的宏观政策引导与支持。从历史发展轨迹来观察，党和国家对于犯罪治理、社会治理与国家治理领域的规律认知与实践经历了持续深化与科学化过程，尤其是随着社会经济的快速发展与深刻变革，我国犯罪治理理念亦随之迭代升级，越来越突出强调精准性、科学性、恢复性与预防性，这深刻体现了国家治理理念与社会文明发展高度的同步跃升。

从我国《刑事诉讼法》确立未成年人犯罪记录封存制度的探索与实践，到党的二十届三中全会明确提出"建立轻微犯罪记录封存制度"的战略部署，这清晰勾勒出党和国家宏观政策对犯罪治理现代化方向的精准把握与强力引领。这一系列政策信号，具有"固本定基"的深远意义，为制度构建确立了根本的价值坐标和行动指南。正如学者所言："在中国特色社会主义法治体系中，党的政策是国家立法的灵魂和先导，确保立法活动始终服务于国家治理体系和治理能力现代化的总体目标。"[1]因此，我国轻微犯罪记录封存

---

[1] 参见江必新、黄明慧：《习近平法治思想对中国特色社会主义法治理论的创新发展》，载《法学评论》2025年第1期，第9页。

制度从概念提出、方案设计到最终立法成型，其全过程都必须深刻契合并精准回应党和国家的宏观政策指向、社会治理目标以及其所倡导的核心价值追求，并最终通过法定程序将其转化为具有普遍约束力和稳定性的国家法律规范，实现政策意志与法律权威的有机统一。

二、国家的相关法律制度

在全面推进依法治国、建设社会主义法治国家的宏大背景下，轻微犯罪记录封存制度的构建绝非"无源之水、无本之木"，其根基深植于国家现行的法律体系之中。这一制度横跨多个法学专业领域，不仅需要深厚的刑法学、刑事诉讼法学、犯罪学和犯罪预防学相关专业知识作为支撑，更关键的是，它直接触及国家审判权、检察权、行政权等核心权力资源的重新配置与协调运行问题。

因此，轻微犯罪记录封存制度构建必然是一项牵一发而动全身的复杂立法工程，将会牵涉《刑法》《刑事诉讼法》《行政处罚法》《治安管理处罚法》以及《公务员法》《律师法》等具体法律规定的修改、调整、完善以及协调。这亟须立法者具备系统思维和长远眼光，进行综合性的立法规划与实践推进。其核心任务在于贯通各部门法之间的"断点"，做好精密的"法法衔接"工作：一方面，确保实体法上关于封存对象、范围、效力的规定清晰、协调，避免冲突；另一方面，在程序法上构建起严密、高效且权责分明的封存、查询、解封与救济机制。在此基础上，方能真正实现实体公正与程序公正的兼顾，切实防止出现"头痛医头、脚痛医脚"的碎片化立法或"法条打架"的尴尬局面，从而从制度设计的源头上保障轻微犯罪记录封存制度运行的公正性、科学性、可操作性与权威性。正如有学者指出："要形成完善且有效的制度体系，必然要考虑在这一制度设计中增添更多的'要素'，或者在该制度设立的同时出台相配套的法律制度。"[1]

---

〔1〕 参见时延安：《轻微犯罪记录封存的法律定位与制度构建》，载《比较法研究》2025年第2期，第25页。

三、经济社会的发展程度

从世界范围来看，轻微犯罪记录封存制度其实并非一个新鲜的课题，其在域外法治发达国家的实践已积累了较为成熟丰富的经验。然而，对于处于特定发展阶段的中国而言，这仍然是一个需要在当前经济社会土壤中精心培育的"全新课题"。法治的实践经验告诉我们，脱离本国国情的法律移植往往会导致"水土不服"，甚至导致目标与结果的南辕北辙，只有"适合自己的才是最好的"。以美国少年司法运动的发展为例，其受到经济发展因素、执法司法因素、社会思潮因素等多方面的综合因素作用，不是一个单纯的法律适用问题；此外，美国工业化、信息化的发展导致原有的社会结构发生了重大变化，功能出现衰退，这尤其表现在传统家庭、教育机构和社区对未成年人控制力的明显下降。少年司法与传统刑事司法就是在这个大背景下逐步分离开来的。这里对于涉罪未成年人的保护与矫治包括犯罪记录封存及消灭制度建立。[1]同样，在我国语境下，轻微犯罪记录封存制度构建与实施看似是一个具体的微观问题，但却关系到全体公民生活的方方面面，"涉及人们的传统习俗与文化生活，涉及民意的向背与舆论的立场，涉及公众的安危与社会的安全，甚至还涉及普通民众的工作与就业等"。[2]

因此，我国轻微犯罪记录封存制度的构建与实施必须立足于国家经济社会发展的实际水平，坚决摒弃"拿来主义"和"照搬照抄"，更要杜绝脱离现实的盲目冒进，而是应当在科学的调查研究基础上，全面客观地评估我国的司法资源、执法资源、财政资源、社会资源、人力资源等各项资源情况，尤其是应当关注我国东中西部地区经济社会发展的差异性和不均衡问题，从而更加稳步推进相关的试点改革工作。制度的生命力在于其能否在特定社会土壤中"落地生根、开花结果"。这意味着需要在借鉴国际经验的同时，紧密结合我国社会治理的传统智慧和现实需求，探索具有

---

〔1〕 参见高英东：《美国社会的犯罪与犯罪治理》，中国社会科学出版社 2017 年版，第 192 页。

〔2〕 高英东：《美国社会的犯罪与犯罪治理》，中国社会科学出版社 2017 年版，第 84 页。

中国特色的制度模式和配套措施，确保轻微犯罪记录封存制度构建后能够有效融入现有法治体系，真正发挥其促进轻微犯罪人复归社会、降低再犯、节约司法资源、提升社会治理效能的积极作用，从而切实助力国家治理体系和治理能力现代化目标的实现。

四、社会公众的承受能力

在我国社会文化语境下，受历史上长期存在的"重刑主义"思想和"标签化"社会心理的影响，公众对轻微犯罪人往往持有根深蒂固的负面刻板印象，普遍存在戒备、排斥甚至歧视心理，倾向于将其视为"二等公民"并保持社交距离。从笔者实地调研的情况来看，社会公众对于轻微犯罪记录封存制度的看法各异，甚至部分受访者认为，轻微犯罪记录封存制度就是在为"犯人"脱罪、"开后门"，反而会助长肆意犯罪的社会风气，削弱刑法的威慑力。这深刻反映出部分公众对轻微犯罪人复归社会的可能性持怀疑态度，以及对犯罪治理中如何平衡个体人身权益与社会公共安全这一核心议题存在深切的忧虑。

　　因此，在轻微犯罪记录封存制度的构建与推行过程中，国家立法机关和司法机关必须将沟通社会、引导舆论、凝聚共识置于极其重要的位置。一方面，有针对性地消解公众的误解和疑虑，引导公众超越朴素的报应观念，以更加理性、客观、科学的视角看待制度建设的积极意义；另一方面，则应当注意认真听取社会公众所提出的建议与意见，充分吸纳其合理成分，对公众普遍关切的公共安全风险、特定职业准入限制、信息查询的合理边界等问题，必须给予及时、清晰、有力的回应，使轻微犯罪记录封存制度的设计尽可能符合社会公众的心理预期和接受度。此外，还应当高度重视新闻媒体、网络平台在信息传播和舆论塑造中的关键作用，引导媒体进行客观、公正、建设性的报道，聚焦轻微犯罪记录封存制度成功促进轻微犯罪人"新生"的正面案例，展现其社会效益。通过有效的媒体沟通策略，努力聚合对轻微犯罪记录封存制度建构与施行的最大社会"公约数"，逐步培育宽容、理解的社会氛围，不断提升公众对制度的认同感、信任感和支持度，为制度的顺畅运行奠定坚实的社会心理基础。

第八章

轻微犯罪记录封存制度构建的
基本原则剖析

随着我国轻微犯罪记录封存制度理论的深入探索，犯罪记录封存制度的构建需要遵循一定的基本原则，其包括公正性原则、科学性原则、完整性原则、特色性原则、均衡性原则和人文性原则。具体而言：

一、公正性原则

公正，即公平与正义，历来被视为人类社会的美德，是人类孜孜以求的崇高理想。随着人类社会的发展，"人们已通常将公正视为法律制度应当具备的优良品质，法律只能在正义中发现其适当的和具体的内容，而理想的法律往往又成为正义的化身"。[1]公正性原则是构建轻微犯罪记录封存制度的核心原则，是轻微犯罪记录封存制度的"灵魂之所在"，是法治精神的内核彰显，其要求实体公正与程序公正的有机统一，在制度具体运行全过程实现"看得见的正义"，以维

---

[1] 谭世贵主编：《中国司法制度》，法律出版社 2023 年版，第 25 页。

护制度的公信力。实体公正关注法律适用的结果是否符合实质正义，强调权利义务分配的合理性与平等性；程序公正则聚焦法律实施过程的正当性，要求规则运行的透明性与参与性。实体公正与程序公正共同构成法治的"双轮驱动"，是刑事司法从形式公平向实质公平的深层演进的重要体现，其中实体公正是基础，程序公正是关键；实体规则为程序运行提供价值坐标，防止程序沦为技术空转，程序机制为实体目标铺设实现路径，避免正义停留于抽象宣示。二者在法治框架下的有机融合，既确保了轻微犯罪人复权需求的实质实现，又维系了社会风险防控的底线正义，最终在个体权利保障与集体法益维护的动态平衡中，彰显现代刑事司法的文明高度。

公正性原则包含实体公正和程序公正两方面的内容。一方面，实体公正要求轻微犯罪记录封存制度的构建在封存对象、封存范围和封存内容三个方面实现公正性。首先是对封存对象的公正性甄别，明确封存对象，制定层次化、类别化的资格准入机制，防范"无差别"封存导致的公共利益受损。封存对象包括一般群体和特殊群体：一般群体即轻微犯罪人，包含初犯、偶犯，特殊群体则是未成年人、老年罪犯等需要特别倾斜保护的人群。当然，对于成年轻微犯罪人而言，其犯罪记录不一定予以全部封存，最为明显的除外情形如累犯、黑恶势力的参与者、恐怖活动犯罪的参与者等。[1]这些都需要法律进行明确。其次是对封存范围的公正性界定，需要从时间和空间的双重维度分析，明确轻微犯罪记录封存的时空边界。从时间角度来讲，需要明确轻微犯罪记录封存的启动时点和效力期限；从空间角度来讲，轻微犯罪记录封存的效力需实现全国各地域的全覆盖。最后是对封存内容的公正性平衡，即根据犯罪记录的社会敏感性、信息关联度等特性，动态划定封存信息的具体内容，包括各诉讼阶段的裁决和信息，对涉及公共安全的关键信息设定保留机制，在消除社会歧视与防范潜在风险间建立平衡支点。

另一方面，程序公正有着独立价值意义，因为"我们千方百计地保证程序公正，正是为了通过一个科学有效的程序设计，最终实现实体公正。因为实体公

---

〔1〕　参见时延安：《轻微犯罪记录封存的法律定位与制度构建》，载《比较法研究》2025 年第 2 期，第 24 页。

正是个案的公正，是相对的公正，是隐性的公正，是不易衡量也难以把握的公正"。[1]具体来讲，程序公正要求轻微犯罪记录封存制度的构建过程中必须注意对封存的启动程序、执行程序以及权利救济程序等进行精密化的设计，有效落实救济性、监督性的原理，通过透明化运行机制与权利救济路径，切实保障制度公信力。设计科学合理的程序，对于建构轻微犯罪记录封存制度至关重要。[2]第一，程序公正要求对启动程序的正当性进行控制，须贯彻"法定主义"与"裁量基准"相结合的原则。明确自动封存与申请封存的法定触发条件，规范司法机关的裁量权限，确保程序启动的客观性与可预期性。第二，程序公正要求对执行程序的标准化约束，构建从轻微犯罪记录封存决定作出、犯罪记录信息的加密和处置到跨部门协同执行的标准化操作规范，确保流程可追溯，同时建立执行偏差的动态矫正机制，防止制度空转或权力滥用。第三，程序公正要求对救济监督的系统化保障，体现"有权利必有救济、有救济才有权利"的现代基本法

---

〔1〕 谭世贵主编：《中国司法制度》，法律出版社 2023 年版，第 29 页。

〔2〕 参见卢家栋、周炜：《轻罪治理视域下轻微犯罪记录封存制度建构的价值与路径》，载《重庆行政》2024 年第 6 期，第 76 页。

治精神。要求建立权利救济通道，通过信息公开、听证参与等机制确保权力运行透明。程序公正的终极价值在于使每个封存决定既符合法律的形式正义，又经得起实质合理性的检验。此处，需要强调的是，科学设计轻微犯罪记录封存制度的程序性内容并不意味着越繁琐越好，而是本着实事求是的态度，"该繁则繁、该简当简、繁简适当"，注重制度实施的效率。

二、科学性原则

科学性原则是构建轻微犯罪记录封存制度的关键原则，其是指轻微犯罪记录封存制度的构建须以实证研究为基础，遵循犯罪形成与治理的客观规律，兼顾社会现实与法律逻辑，避免主观臆断或脱离实际的理想化设计。科学性原则的本质是法律理性与社会现状的辩证统一，其包括三个维度：一是方法论维度，即运用科学的研究和量化工具和技术，准确分析轻微犯罪生成与治理的本质规律，挖掘轻罪化社会现状的具体成因，进而采取有针对性的制度设计和治理措施，最后全面客观地评估制度实施的效果；二是价值论维度，即科学地平衡轻微犯罪人的个人权益和社会公共权益，既不能过度保护轻微犯罪人的权益而忽视潜在的社会安全风险，也不能追求社会秩序的和谐稳定而牺牲犯罪人的合法权益；三是动态性维度，即建立轻微犯罪记录封存制度运行的反馈和修正机制，制度的构建要适应社会的变化发展，随着社会犯罪结构的变动、司法政策的调整、技术手段的迭代等因素的变化而适时更新和动态调控，最大限度地保持制度的"生命力"。

在具体的轻微犯罪记录封存制度的构建过程中，科学性原则要求在科学的视野下分析当前我国轻微犯罪的社会现状。在我国已经进入轻罪化的时代背景下，轻微犯罪记录封存制度的设计必须基于犯罪类型、刑罚配置及社会危害性的科学评估，避免"一刀切"的封存方式。科学性原则要求将实证精神贯穿于制度构建全过程，包括立法决策、司法适用和执法操作三个层面，形成三位一体的科学治理体系。首先，科学性原则要求立法决策的科学化。立法乃司法的活水源头，司法探索企图绕开现有法律规定，而另辟蹊径的方法显然不足为道，因此，可行的办法是，在犯罪记录封存方面，相关法律规范应确定而且协调统一。[1]通过建立全国犯罪数据库，整合司法、行政、社会等多源数据，为相关立法工作提供数据支持。通过分析研究域外国家轻微犯罪记录封存制度有益的经验措施，为我国相关立法提供重要的参考镜鉴，最后全面综合考量，制定本土化的轻微犯罪记录封存制度。其次，科学性原则要求司法适用的科学化。在立法的基础上，轻微犯罪记录封存制度的司法适用还需要具体的指导意见和量化的考核指标的支撑，比如对于微罪案件，可以进行基础性的审查，包括犯罪人的危害程度、悔罪表现等，对于轻罪案件，则需要较为全面的审查，包括社会审查、第三方审查等。最后，科学性原则要求执法操作的科学化。此外，科学性原则要求兼顾个人权益与社会安全，如犯罪记录封存期间考察期的设置，通过考察轻微犯罪人的悔罪表现和再犯风险，动态调整封存效力。

---

　　〔1〕　参见高一飞、高建：《犯罪记录封存的制度安排与实施机制》，载《南通大学学报（社会科学版）》2012年第5期，第42页。

三、完整性原则

　　完整性原则是构建轻微犯罪记录封存制度的基础原则，其是指轻微犯罪记录封存制度的构建需以系统性思维为指导，覆盖制度设计、运行及监督的全流程，确保各环节无缝衔接，形成逻辑严密、功能完备的闭环管理体系。其核心在于避免制度碎片化，既要实现封存范围的全面覆盖，也要确保程序衔接的连贯性，最终达到应封尽封、应保尽保的治理目标。完整性原则的本质是制度周延性与治理有效性的有机统一，具体体现为三个层面的要求：一是封存对象的完整性。封存范围需覆盖所有符合法定条件的轻微犯罪记录，包括对侦查、起诉、审判、执行各阶段形成的文书、数据及衍生信息等进行全面的封存，避免因信息遗漏导致纸面封存。二是封存程序的完整性。从封存启动、审查、执行到解封，需建立标准化操作流程，明确公安机关、检察机关、法院及司法行政机关的权责边界，防止部门推诿或程序空转。三是封存效力的完整性。封存效力应辐射至就业、教育、社会保障等社会领域，确保犯罪记录不会成为行为人复归社会的制度性障碍。

首先，就犯罪记录封存的内容而言，完整性原则要求对犯罪记录封存的全面覆盖，包括诉讼程序过程中的各项司法文书、公检法系统中保留的电子数据档案，以及相关媒体报道等衍生信息。其次，在犯罪记录封存的程序构建中，完整性原则要求对程序进行全流程闭环设计。例如，从封存的启动程序开始，可以设置差异化的启动条件，区分自动封存和申请封存程序；在封存期间建立监督监管机制，对查询犯罪记录的请求进行复核；在犯罪记录的解封程序中，明确解封的具体条件和情形，并保障当事人在解封程序中的申辩权。最后，完整性原则还要求设置当事人的权利救济渠道，以及相关公职人员的责任追究机制。

四、特色性原则

特色性原则是构建轻微犯罪记录封存制度的保障原则，其强调轻微犯罪记录封存制度必须立足中国国情，融合本土法治传统与社会治理需求，在借鉴域外经验的同时构建具有中国特色的制度机制，切实满足司法实践和犯罪治理的实际需求，而不能单纯地采用"拿来主义"。特色性原则的核心是通过差异化设计与渐进式改革，实现犯罪治理和社会治理现代化。特色性原则主要包括两方面的要求：一是对宽严相济刑事政策、恢复性司法理论等政策理论的积极回应，以及与我国现有的未成年人犯罪记录封存制度等其他法律制度之间予以有效衔接；二是实现渐进性、梯度化的改革路径创新，根据我国具体国情及社会承受力来逐步推进轻微犯罪记录封存制度改革，避免激进改革试点引发的社会舆情与震荡。

首先，轻微犯罪记录封存制度的构建是宽严相济刑事政策、恢复性司法理论的制度性转化。我国刑事政策强调该宽则宽、当严则严，对此，特色性原则要求封存制度精准区分犯罪类型与主体特征。例如，对初犯、偶犯、过失犯等主观恶性较低的轻微犯罪人优先封存，而对累犯、涉黑恶犯罪、危害国家安全犯罪等严格排除，体现轻轻重重的分层治理逻辑。其次，轻微犯罪记录封存制度的构建要积极实现与未成年人犯罪记录封存制度的梯度衔接。从制度价值而言，未成年人犯罪记录制度侧重对未成年人进行特殊保护和优先保护，而轻微犯罪记录封存制度则侧重推动轻微犯罪人复归社会和消除犯罪附随后果的不当影响；[1]从封存条件而言，未成年人犯罪记录封存是无条件封存，而对于成年人则是有条件地封存；在具体的实践中，因为轻微犯罪人的数量要远高于犯罪未成年人，因此轻微犯罪记录封存制度的构建和运行还需要更多的司法资源。最后，轻微犯罪记录封存制度的构建需要渐进性、分阶段和层次化地推进。一方面，从区域而言，首先在东部发达地区探索轻微犯罪记录封存制度的试点工作，在总结经验的基础上，结合中西部具体情形进一步推广；另一方面，就社会公众而言，微罪的社会危害程度较低，具有一定的社会接受程度，因此可以首先构建微罪的犯罪记录封存制度，逐步延伸至轻罪，以此循序渐进，避免"一蹴而就"的制度改革带来的社会秩序混乱和社会情绪不安。

---

[1] 参见李思远：《论轻微犯罪记录封存制度的构建》，载《清华法学》2024 年第 6 期，第 27 页。

五、均衡性原则

均衡性原则，也称比例性原则，是构建轻微犯罪记录封存制度的重点原则，其要求轻微犯罪记录封存制度在保护个人权益与维护社会安全之间寻求最佳的动态平衡，既要避免过度干预犯罪人复归社会，又需防范公共安全风险外溢。其本质是通过比例原则的精细化适用，实现权利保障、风险防控与制度成本的最优配置。

均衡性原则要求实现犯罪人复归社会权益和犯罪附随后果二者之间的平衡，要求犯罪附随后果不能超过一定的限度。一方面，无论在实体法还是程序法层面，都要限制公权力行使超出必要的限度，防止对当事人和相关人造成不必要的伤害。[1] 为了保护公民的合法权益，应当依照比例原则检视犯罪附随后果的合理性，并以此为基础设置犯罪记录封存的条件和方式。[2] 在

────────────

〔1〕 参见汪海燕：《比例原则在监察调查制度中的适用》，载《行政法学研究》2022 年第 5 期，第 70~71 页。
〔2〕 参见汪海燕：《轻微犯罪记录封存制度的构建》，载《法律适用》2025 年第 3 期，第 40 页。

当前轻罪化的时代背景下，轻微犯罪人再社会化存在被无限压缩的可能性，复归社会的资格和机会被剥夺，不符合必要性原则的要求，显然也不利于社会秩序的安定，因为过度的惩罚反而会加大再犯的可能性。因而给予轻微犯罪人再社会化的机会尤为重要和可贵。另一方面，在刑事法领域，均衡性原则与罪刑相适应原则具有较强的亲缘性，但是前者偏向采取社会福利增进的功利主义预防视角，而后者则更强调罪行与惩罚在报应上的一致性。无论是从均衡性原则还是罪刑相适应原则出发，两者都要求刑罚附随后果的实施要基于犯罪性质的轻重，理性设置阶梯式的制裁方案。这也就同时要求，犯罪记录的封存也应当通过一种渐进式来展开。[1]

此外，均衡性原则还要求确立当事人"利益均衡原则"，即在轻微犯罪记录封存制度设计与司法实践运行过程中，依法保护轻微犯罪行为人的利益时，也要维护被害人的合法权益，不能从犯罪附随功能异化的极端走向漠视被害人合法权益的另外一个极端。在保

---

〔1〕 参见刘权：《均衡性原则的具体化》，载《法学家》2017年第2期，第17页。

障轻微犯罪人的合法权益时，选择性地忽略被害人的合法权益，无疑等同于从制度层面对被害人造成了第二次伤害，且第二次伤害是由制度设计者自身的故意或疏忽导致，较之被害人第一次遭受伤害所具有的偶发性和综合因素而言，被害人所承受的第二次伤害不仅更加有悖于良法善治精神，而且也与被害人所依法拥有的当事人诉讼地位不相称。[1]因此，在轻微犯罪记录封存制度的构建过程中还需特别注意保障被害人的合法权益，保障被害人在封存程序中的参与权。

六、人文性原则

人文性原则是轻微犯罪记录封存制度构建的补充原则，其强调轻微犯罪记录封存制度应以尊重和保障人的尊严为核心。通过去标签化、社会复归支持及修复性措施，实现轻微犯罪人从社会排斥到社会融入的转变。其本质是立足以人为本的法治精神，将教育矫治与权利保障融入制度设计，是刑事司法现代化的时

---

[1] 参见陈在上：《论我国轻微犯罪记录封存制度的体系化建构——基于未成年人犯罪记录封存制度的比较镜鉴》，载《北京联合大学学报（人文社会科学版）》2025 年第 3 期，第 106~107 页。

代性转型，充分凸显现代社会的包容性。"中国式现代化是坚持以人民为中心的现代化，彰显着社会主义现代化的优越性。"

在奔向现代化的进程中，刑法显然应当背离片面的秩序维护功能，转向人权保障功能。[1]人文性原则主要包含三重核心含义：一是人格修复优先，实现去标签化。即以消除犯罪记录带来的社会歧视与心理创伤为目标，承认犯罪人具备复归社会的可能性与价值。一方面要保障犯罪记录封存的彻底性，实行犯罪记录全覆盖封存和对媒体报道等衍生信息的清除；另一方面，在犯罪记录封存后免除前科报告义务，当然在特定领域，比如公务员、教师等行业仍需要保留审查权。现代刑事治理应当对犯罪人重新回归社会给予更多重视与支持，给予犯罪人更多改过自新的机会，避免造成犯罪人"一朝犯罪、终身罪犯"的困局，从而实现犯罪人个人发展与社会长远进步的和谐统一。[2]二是积极推

---

[1] 参见张杰：《入罪谨慎与去罪宽宥：现代化视域中的轻罪治理》，载《浙江工商大学学报》2025年第1期，第81页。

[2] 参见宋英辉、王贞会：《轻微犯罪记录封存制度的背景、价值及其建构》，载《中共中央党校（国家行政学院）学报》2024年第5期，第42页。

动建立轻微犯罪人社会复归赋能机制，根据微罪、轻罪、重罪的特点，实施差异化的封存方案。例如，对于微罪，应当直接进行犯罪记录完全封存，在案件审理过程中做好信息控制。经过对于犯罪人的考察，符合法定条件的微罪，经行为人申请或司法机关决定，可以进行犯罪记录消灭。对于轻罪和重罪，均应直接进行犯罪记录部分封存，限制对犯罪记录的查询。符合法定条件的轻罪，经行为人申请或司法机关决定，一般应进行犯罪记录完全封存；重罪一般不进行犯罪记录的完全封存，但当行为人表现良好、悔罪态度诚恳、再犯可能性较低，且具有完全回归社会的可能，经行为人申请或司法机关决定，可以有条件进行犯罪记录的封存。[1]三是家庭社会关系的修复和重构，避免犯罪人近亲属受到牵连。罪责自负原则是指刑事责任应由犯罪者本人承担，而不株连他人，其作为刑法的基本原则是刑事责任区别于民事责任的重要标志，理应得到刑事司法部门的尊重与执行。然而，罪犯亲属标签对涉罪人员的近亲属造成的权利限制情况不仅

---

〔1〕 参见汪海燕：《轻微犯罪记录封存制度的构建》，载《法律适用》2025 年第 3 期，第 43 页。

违背了公民的基本权利精神、罪责自负原则要求，而且不符合国家关于就业、教育、社保等方面的规定。因此，构建我国轻微犯罪记录封存制度并严格限制查询，可以最大限度地减轻轻微犯罪人的近亲属因其犯罪行为所遭受的不利影响，符合罪责自负原则。一方面，轻微犯罪记录封存制度的构建有助于轻微犯罪人近亲属免遭外界的人身侵害；另一方面，轻微犯罪记录封存制度的构建有助于轻微犯罪人的近亲属通过关于家庭背景的社会调查。[1]通过制度修复轻微犯罪人的家庭关系与社会信任，进而实现轻微犯罪人复归社会的可持续性。

---

[1]　参见刘小庆：《我国轻微犯罪记录封存制度的构建》，载《内蒙古社会科学（汉文版）》2025 年第 3 期，第 132~133 页。

第九章

轻微犯罪记录封存制度构建的
具体内容设计

我国轻微犯罪记录封存制度的建构既应当注重借鉴域外国家的成熟经验，同时更应当注重结合我国司法实践，坚持系统性思维来进行稳慎探索与推进，既应当对重点的实体内容进行细化研究，也应当对具体的程序内容进行仔细考量，体现公正性、科学性、创新性、可操作性。

一、轻微犯罪记录封存制度的相关主体

从国家角度而言，轻微犯罪记录封存制度是一项较为系统的工程，其关涉诸多主体，具体而言：

（一）决定适用主体

首先，国家法律层面应当区分轻微犯罪记录封存制度的决定适用主体与轻微犯罪记录封存制度的遵守义务主体。其一，对于轻微犯罪记录封存制度的决定适用主体而言，轻微犯罪记录封存制度的适用与否属于司法权的内容，在我国拥有法律适用职权的组织只

有司法机关。因此，轻微犯罪记录封存制度的决定适用主体只能是司法机关。按照"谁决定、谁封存"的基本原则，对于依法作出不起诉决定的，决定适用封存主体为检察机关；对于依法提起公诉并作出判决的，决定适用封存主体为法院。其二，对于轻微犯罪记录封存的遵守义务主体，除了公安司法机关之外，不仅包括因工作关系获知封存信息的其他行政机关、单位、组织、社区、街道等的工作人员，还要考虑当下的媒体平台已经成为最主要的用户、内容集散地，经营方有责任、有义务参与到轻微犯罪治理中来，当发现有针对封存的犯罪记录通过平台进行泄露、传播的，平台应当发挥技术优势，及时切断信息的传播途径，切实履行相关的法定义务。同时，应尽快建立完善相关责任单位的衔接协作机制，将犯罪记录封存责任进行传导，真正实现"一人犯罪、全系统参与、全流程封存"的实际效果。

（二）查询管理主体

从长远角度考虑，笔者认为，提供轻微犯罪记录查询的管理主体应当采取"一元化"结构。这是因为

轻微犯罪记录查询本质上是行政事权的内容，确定
"一元化"的查询管理主体和"出口"的唯一性，一
方面，最有利于对轻微犯罪记录的输出口端进行有效
控制，[1]避免犯罪记录被不当或者不法泄露；另一方
面，有助于降低相关单位（除公安司法机关之外）
依法查询的各项成本。具体而言，可由县级以上的司
法行政机关建立统一完善的轻微犯罪记录信息数据
库，并对外统一受理和提供轻微犯罪记录的查询工
作，犯罪记录由其登记、储存并统一保管，从而进一
步巩固和优化轻微犯罪记录封存的实际效果，避免
"政出多门"的尴尬局面。此外，国家有权机关对于
未成年人犯罪与成年人轻微犯罪的犯罪记录应当做到
精细化的分阶层管理，因为两者犯罪记录的保密程度
和要求均有不同，且体现了对未成年人的特别保护与
关照。

---

〔1〕　王新：《未成年人犯罪记录封存制度之核心概念及其功能》，载
《中国青年研究》2015 年第 6 期，第 114 页。

（三）法律监督主体

轻微犯罪记录封存制度的构建与实施既涉及刑事司法领域，也涉及行政执法领域，兼具司法性与行政性双重属性。根据我国《宪法》规定以及国家权力结构设置，检察机关应当依法履行对轻微犯罪记录封存的法律监督职责，不仅是在审前阶段应当依法进行法律监督，在审判阶段及其后续的具体实施阶段也应当依法开展相关法律监督工作；不仅要关注有权机关的公权力行为，而且要关注轻微犯罪人的合法合理诉求，从而促进该制度能够切实发挥设计初衷的实效，达成公平正义的价值追求。

二、轻微犯罪记录封存制度的实体内容

轻微犯罪记录封存制度的实体内容是整个制度的核心所在，其主要包括以下内容：

（一）适用条件和标准

我国轻微犯罪记录封存制度适用的基本条件主要

为：（1）对于未成年人犯罪而言，判处以 5 年有期徒刑以下刑罚为基本标准，予以犯罪记录封存；（2）对于成年人犯罪而言，以法定刑为 3 年有期徒刑以下刑罚为原则标准，以宣告刑为 3 年有期徒刑以下刑罚为辅助标准。

此处，需要强调的是，为实现实质的罪刑相适应原则和保障社会稳定，该制度的适用条件应当排除部分特殊的犯罪类型，具体而言：（1）危害国家安全犯罪等严重危害国家政权稳固和社会治安的犯罪。这类犯罪的犯罪人往往主观恶性较大、社会危害性也较大，犯罪行为对犯罪客体的侵害难以恢复和弥补。（2）严重危害公共安全的故意犯罪，比如恐怖组织犯罪、黑社会性质组织犯罪、恶势力犯罪等。这类犯罪严重影响社会公众的生命健康以及正常稳定的社会秩序，对此进行严厉惩治直接事关社会的正常健康发展以及公众的安全感和获得感。（3）毒品犯罪。我国历来将毒品犯罪行为列为打击严惩的重点，毒品犯罪的社会危害性极大，同时毒品犯罪人的人身危险性和再犯可能性也较高。（4）贪污贿赂犯罪和渎职犯罪。党和政府始终以"零容忍"的态度，将党风廉政建设和反腐败斗争视为执政的根基。社会公众也对贪污贿赂等职务犯罪深恶痛绝。这类职务犯罪侵害的是国家工作人员职务廉洁性以及国家机关等的正常管理活动秩序，是惩治职务犯罪的重点所在。（5）军人违反职责犯罪。一方面，军人是一种特殊的职业，对其道德标准和法律义务要求均极其严格；另一方面，军人履职行为直接关系到国家安全和国防建设，因而意义重大；而军人违反职责犯罪是危害国家军事利益，危害后果往往比较严重。对上述类型犯罪即使是情节轻微，其记录也不予封存。这是有效贯彻宽严相济刑事政策、发挥刑罚威慑功能的必然要求。

同时，笔者建议，应当废除我国《刑法》第100条所规定的"前科报告义务"制度，并增加新的规定，即"依法受过刑事处罚的人，除法律另有规定的以外，其本人及近亲属在升学、就业等方面依法享有与其他人同等的权利，任何单位和个人不得歧视"。[1]重申罪责自负原则和法律面前人人平等原则，为轻微犯罪记录封存制度建构及良性运转扫除根源上的障碍，避

---

〔1〕 参见喻海松：《论我国犯罪记录封存制度的革新与续造》，载《中国法律评论》2025年第3期。

免实践中出现适用混乱的问题。

（二）考验期设置标准

笔者认为，轻微犯罪记录封存不意味着犯罪记录的消灭，也不代表着一味从宽，对其进行后续考验和教育改造仍是轻微犯罪记录封存制度所追求的价值导向，为此，立法应当对犯罪记录封存设置一定的考验期限，以强化对轻微犯罪人的教育改造力度，使其内心深处真正尊崇法律。具体而言，（1）对于被作出不起诉决定的人员，设置 6 个月的考验期；（2）对于判处有罪但免于刑罚或者单处罚金的微罪人员，设置 1 年考验期；（3）被判处 1 年以下有期徒刑或者拘役的微罪人员，设置 2 年考验期；（4）被判处 1 年以上 3 年以下有期徒刑的轻罪人员，设置 1 年至 3 年时间不等考验期。关于考验期间的起算点，应当从作出不起诉决定或者刑罚执行完毕之日起计算。自轻微犯罪人刑罚完毕或者作出被不起诉之日起的考察期内，若其没有违反相关考察规定，没有新的犯罪，则考察合格，犯罪记录自始封存；若违反了考察期间的禁止性规定或者再次犯罪的，犯罪记录将会自动解除，不再予以封存。

　　此外，在考察期间内，国家法律制度设计层面可以引入社会保证人制度。这一制度设计的原理在于，国家强制力和社会自治力在运转过程中难免产生龃龉，化解这一弊端的关键在于为二者之间的鸿沟提供桥梁纽带——社会保证人机制——从而形成"国家—社会—个人"三元信用评估体系。[1] 因此，在考察期间内，有关国家机关积极地引入社会保证人，通过第三方的视角和力量，来对轻微犯罪人主要围绕着有无遵纪守法等日常表现进行了解和考察，有助于引导社会公众以更加理性包容的心态来看待轻微犯罪记录封存工作，为轻微犯罪人进一步复归社会而扫清社会思想意识层面的障碍。此处，需要强调的是，轻微犯罪记录封存后的考察重点应当注意与缓刑考察有所区别，其更应当聚焦对轻微犯罪人复归社会后的法治意识养成、日常行为表现、社会保证人评价及社会公众认可度等各方面予以科学客观立体式考察。

---

　　〔1〕 邹子铭：《轻罪扩张背景下的犯罪附随后果研究》，载《法学杂志》2023 年第 6 期，第 170 页。

（三）影响后果标准

对于轻微犯罪人而言，就业和劳动权的保障是其顺利复归社会的基础所在。[1]从刑法理论角度来讲，依据《刑法》关于犯罪附随后果中职业禁止的规定，剥夺行为人相关从业资格的前提是犯罪人利用特定职业上的便利时，就应当设定较为明确的前提条件，而不是采取模糊特征的概括性规定。[2]从我国当前的实际情况出发，基于我国政治体制及传统观念以及社会公众的普遍接受度和容忍度，采取"一刀切"的方式来阻断轻微犯罪记录与犯罪人就业之间的联系并不合

---

[1]　具体而言，劳动权的规范构造包括以下三个层次：首先，劳动权是一种自由权，即国家具有不得随意限制和剥夺的义务。这种自由不仅指劳动或者不劳动的自由，也指选择就业或者营业的自由。其次，劳动权还是一种国家给付义务。国家的给付既可以是纯粹物质上的利益，也可以是为了保障权利实现的法律程序。最后，劳动权是一种国家保护义务。当公民劳动权遭受非法侵害时，国家应当采取积极的措施给予保护。参见曾新华：《犯罪记录封存"但书"规定的法教义学展开》，载《中国刑事法杂志》2022年第2期，第142~143页。

[2]　比如，我国《会计法》第38条规定，"……贪污、挪用公款、职务侵占等与会计职务有关的违法行为被依法追究刑事责任的人员，不得再从事会计工作"。此规定较好地体现了犯罪行为与处罚后果的逻辑性，其重点在于强调会计职业的廉洁性义务，是一种较为科学的立法规定。徐立、成功：《轻罪时代前科制度的内在诟病及其应对》，载《河北法学》2023年第5期，第42页。

理；立即废除轻微犯罪记录与入党、入伍、加入公职队伍等之间的联系也不现实。这是因为作为一种职业自由权，劳动权不得被国家恣意限制，但并不意味着不能限制。同样在域外，对特定职业纯洁性、专业性、公信力的要求是传统法律规定和惯常做法。例如，在美国马萨诸塞州，基于重罪前科的求职者缺乏担任警察所需要的自制力和诚实特质而不被警局所录用被视为具有法律正当性。[1]

为此，笔者认为，国家法律应当建立起轻微犯罪记录与就业限制的实质关联性，从而更为精准、妥当地实施犯罪预防。就目前而言，笔者主张"共同但带有区别"的基本原则，整体性解除被轻微犯罪记录封存的人员在从业禁止上的限制，但应保留轻微犯罪记录与公职和具有职业关联性的少数职业之间的联系。这里"公职"的范围可以考虑将其限定为国家机关中的职务，国有公司、企业、事业单位、人民团体中的职务和由法律、法规、规章或者行政机关规范性文件设定的公共服务中的职务。对于被封存轻微犯罪记录

〔1〕〔日〕大谷实：《刑事政策学》（新版），黎宏译，中国人民大学出版社2009年版，第157页。

的成年犯罪人而言，其在从事与"公职"相关的职业时，应当被严格限制。而"职务关联性"的核心内容则可以考虑结合《刑法》第 37 条之一中"利用职业便利实施犯罪，或者实施违背职业要求的特定义务的犯罪"来设置。比如，醉酒型危险驾驶罪的犯罪人在一定期间内从事出租车、网约车司机、校车驾驶员这一职业应当受到限制或者完全禁止，也即所谓的"职业关联性"。相反，在醉酒型危险驾驶罪的犯罪人与婚姻介绍职业之间存在"职业关联性"则明显不妥。[1]此处，需要强调的是，对于被封存犯罪记录的未成年犯罪人而言，其在今后的职业选择上原则上不应当设置任何限制，包括参军入伍、报考公职等。这是因为未成年犯罪人相比于成年犯罪人而言，其具有更大的可改造性和可塑性；此外，未成年犯罪人再社会化利益高于抽象的社会公共利益，[2]这也完全符合《联合国儿童权利公约》中所规定的"儿童利益最大化原则"，有助于最大限度地释放现代刑法文明对于未成年

---

[1]　梁云宝：《中国式现代化背景下轻微犯罪前科消灭制度的展开》，载《政法论坛》2023 年第 5 期，第 48 页。

[2]　曾新华：《犯罪记录封存"但书"规定的法教义学展开》，载《中国刑事法杂志》2022 年第 2 期，第 144 页。

犯罪人保护的善意。

此外，轻微犯罪记录封存实质上表明了一种有限的被遗忘权，其具有两个层面含义要求：一是国家有权机关应当严格限制对轻微犯罪记录的查询，非经法定事由，不得随意查询或者泄露轻微犯罪记录封存的信息内容。二是从公共层面上，国家有权机关或者轻微犯罪人应当要求公共网络或者搜索引擎等删除或者匿名化处理轻微犯罪记录信息，使得他人无法通过个人信息而识别到特定的具体的公民个人。

（四）解封条件和标准

轻微犯罪记录封存并不意味着轻微犯罪记录完全被消灭，基于法定理由，司法机关有权对已作出轻微犯罪封存作出解除的决定。轻微犯罪记录封存的解封标准可以参照既有未成年人犯罪记录封存的解封标准，但应当注意有所区别。对于封存期间内再次犯罪的，无论是否符合数罪并罚被决定执行刑罚超过 3 年有期徒刑的，均应当解除之前的封存记录，恢复前罪的诉讼效力；对于封存期间发现漏罪的，漏罪与之前封存记录之罪数罪并罚后被决定执行刑罚超过 3 年有期徒刑的，应当对封存记录进行解封；对于经审判阶段程序改判 3 年有期徒刑以上刑罚的，则应当对之前被封存的犯罪记录予以解封。

三、轻微犯罪记录封存制度的程序内容

轻微犯罪记录封存制度的程序内容是该制度具体实施合法性、权威性、严肃性的基本保障和内在要求。具体来讲：

（一）正式启动程序

轻微犯罪记录封存不论是作为一项保密制度也好，还是作为轻微犯罪人的个人隐私也好，理应是越早启动越好，方能最大限度地保障封存的实际效果。在我国，轻微犯罪记录封存的正式启动应当坚持"依职权启动为主、依申请启动为辅"。为此，对于依法作出不起诉决定的，检察机关应当依法在作出不起诉决定当日同时宣布启动轻微犯罪记录封存，并开展相应的考察工作；对于依法作出有罪判决的，法院应当依法在作出判决当日同时宣布启动轻微犯罪记录封存，等刑

罚执行完毕后继续开展相应的考察工作，其中对于判决有罪但免于刑罚的，则立即开展相应的考察工作。此外，轻微犯罪人若发现启动的决定机关没有依法启动犯罪记录封存的情形，可以书面形式依法向其提出犯罪记录封存的正式申请，请求相关国家机关依法正式启动犯罪记录封存的相关程序。

（二）具体封存程序

具体封存程序一般包括两个层面内容：一是公安司法机关内部的具体封存程序；二是涉及社会层面的外部的具体封存程序。两者之间是相辅相成、互为补充的辩证统一关系。

首先，对作出轻微犯罪记录封存决定的，由相关单位封存该人员的犯罪记录（档案）并实行专门管理，除司法机关办案需要外，不得以任何方式泄露。与此相关的犯罪事实不在对社会公开的各项载体中载明，所受犯罪处罚的事项不在计入户籍登记、学籍档案、人事档案；对于已经记入的，由相关单位予以撤销。有关单位在出具相关证明文件时，不得载明该犯罪情况。其次，对被封存轻微犯罪记录的人员，在复学、升学、从事法律没有明确限制的职业时，与其他人享有同等权利，免除犯罪记录报告义务；学校、用人单位不得因曾经的犯罪事实而拒绝其复学、升学、就业和录用。

当前，我国的两大司法文书公开渠道，分别是最高人民法院主办的裁判文书网和最高人民检察院主办的 12309 检察服务网，其也应当对案件的信息公开进行必要的限制，对于需要封存的司法文书且确有网上公开必要的，也应当对诉讼主体信息进行匿名化处理。比如，以最高人民法院主办的裁判文书网为例，裁判文书公开制度的宽泛的公开范围可能导致这一无形的犯罪记录被散播，从而影响轻微犯罪记录封存制度。为此，笔者建议，可以尽快通过现代科技手段，对于裁判文书网的裁判文书设置复制、转载的必要管理权限，建立与第三方的数据合作交换机制，并引导搜索引擎设立便捷删除功能等，以进一步保障轻微犯罪记录封存的实践效果。除此之外，以一些公开的司法文书为数据来源的大数据公司，也应当对已经"下架"的法律文书和犯罪信息报道等予以及时删除，不能仅仅出于利益考虑而披露、传播文书内的犯罪记录。

(三) 相关查询程序

查询犯罪记录不意味着解封犯罪记录，这是两个不同的概念和适用领域。就所谓"查询"而言，我国《刑事诉讼法》就其适用的场景规定较为明确，即"司法机关办案需要"和"有关单位根据国家规定"，但"司法机关办案需要"却并不能仅仅局限于办理刑事案件，还有可能在办理民事案件、行政案件中依法查询被封存的轻微犯罪记录。若简单认为所有出于"办案需要"的查询轻微犯罪记录就意味着具有自然解封的效力，那样的话，轻微犯罪记录封存制度将会受到影响。此外，按照《封存实施办法》第 17 条规定，有关单位依法查询的，"（封存轻微犯罪记录的主体）应当告知查询犯罪记录的单位及相关人员严格按照查询目的和使用范围使用有关信息，严格遵守保密义务，并要求其签署保密承诺书"。此处，应当注意的是，司法机关与一般单位的查询范围应当有所区别。对于司法机关因办案需要而申请查询的，封存主体依法可以允许其查阅、摘抄、复制相关案件材料；对于司法机关以外的一般单位申请查询，封存主体原则上不应当允许其查阅卷宗，而是应当依法审核申请的法律依据与用途，分别通过告知其是否受过法律处分、被判处的罪名、刑期、提供裁判文书等方式满足其需求。

（四）法律监督程序

笔者认为，随着今后我国轻微犯罪封存制度的建立与完善，检察机关应当进一步强化对轻微犯罪记录封存的监督力度，将法律监督贯穿履职的全过程。

首先，在审查逮捕环节，检察机关应当通过履行审查逮捕职能，对发现可能适用轻微犯罪记录封存的案件，及时向公安机关发出办案提示的函件，明确建议公安机关在侦查环节注意加强保密工作，不得随意对外进行案件宣传，为后续封存记录工作的开展做好准备。其次，在审查起诉环节，检察机关应当通过依法履行审查起诉职能，注意审查所办案件是否适用轻微犯罪记录封存相关制度机制，并在起诉状中予以明确，为后续刑事审判工作的开展提供重要参考；同时，对可能已出现的泄露轻微犯罪记录情形，依法开展督促相关单位及时纠正工作，切实保障审前轻微犯罪记录封存的效力。再次，在刑事审判环节，检察机关应当当庭讲明所办案件是否适用轻微犯罪记录封存制度以及具体依据和考量因素。最后，在执行落实环节，检察机关应当继续发挥法律监督职能作用，对未履行轻微犯罪记录封存责任或者履行不到位的单位，通过制发检察建议、纠正违法通知书等法律监督方式，依法及时开展相关的监督工作，保障封存轻微犯罪记录的实际效果，做好制度落实的"后半篇文章"，真正体现司法文明价值。

此外，在具体的司法实践中，检察机关还应注意继续挖掘主动监督的渠道以及有效监督的方式，通过"数字检察"，进一步升级公检法司政法智能办案系统，链接犯罪记录封存以及违法犯罪信息库线上平台，以有效实现监督和落实犯罪记录封存的良好效果。与此同时，检察机关还应注意加强与各级纪委监委的配合协作，及时将相关问题线索移交纪委监委，依法依纪追究相关人员的责任，进一步凸显法律监督的效力。

（五）权利救济程序

法谚有云："无救济则无权利。"法律所设计再完美的权利若没有救济制度作为保障和支撑，则权利的实现最终也是"水中月、镜中花"。对于犯罪人而言，轻微犯罪记录被依法封存后便成为犯罪人的"特殊隐私"，是公民隐私权的一部分，同时其享有被遗忘权。从法理角度来讲，理应赋予其合法权利遭受不法侵害时所享有的救济权利，并且保障法治救济渠道的规范和畅通。

因此，故意或者过失泄露轻微犯罪记录的行为既对轻微犯罪人的合法权益造成损害甚至更为严重的后果，也进一步损害了国家对公民个人信息的正常管理秩序。为此，犯罪人可以依法通过民事诉讼或者行政诉讼来保障自己的轻微犯罪记录不被泄露或者不当使用的权利。除此之外，一方面，犯罪人可以依法向公安机关报案，通过刑事控告等刑事手段，维护自己轻微犯罪记录封存后不被违法侵害的权利；另一方面，犯罪人也可以依法向检察机关反映被封存的轻微犯罪记录遭到不法侵害的情况，借助检察机关法律监督的力量，来维护自己的犯罪记录封存的隐私权利及其他合法权益，从而最大限度地实现轻微犯罪记录封存制度的实际运行质效。

（六）基本解封程序

轻微犯罪记录封存后的解封程序主要为两类：第一类是法定解封，即因再次犯罪、发现漏罪、再审改判后不符合封存条件的法定事由，之前的轻微犯罪记录应当自判决、裁定生效之日起予以解封，不再予以封存。第二类是酌定解封，即相关权利人、公民、单位等发现犯罪人不符合轻微犯罪记录封存条件的，可向检察机关或者法院提出申请，经其审查后，再决定是否予以解封。检察机关或者法院依法作出的解除轻微犯罪记录的决定，其应当向行为人送达解除轻微犯罪记录封存决定的相关法律文书，并通知其他职能部门执行解封程序。

第十章

轻微犯罪记录封存制度构建的
路径建设思考

在新时代背景下，轻微犯罪记录封存制度涉及面广、牵扯人员多、涉及利益更为多元化，因而需要国家顶层予以一体化设计与推动，公安司法机关及其他职能部门联动配合，以充分实现制度设计的初衷。

一、轻微犯罪记录封存制度构建的路径模式

结合我国立法实践经验和习惯以及司法资源配置现实状况，笔者认为，我国轻微犯罪记录封存制度构建应当坚持"立法机关授权→制定试点方案→开展试点工作→试点积累经验→形成立法建议→出台正式法律规定"的渐进式路径模式予以稳慎推进，既不能采取"保守主义"的态度和立场，也不能脱离实际而盲目冒进。值得注意的是，正如有学者指出，与近几年刑事诉讼中的功能速裁程序、认罪认罚从宽处罚制度等试点不同，轻微犯罪人作为庞大的群体，其分布并不具有典型的地域性，因而传统的先选取部分地区或者城市，然后再逐步推广的"由点到面"方式并不适

用，且如果一开始在部分地区或者城市封存犯罪记录，其他地方不适用的话，则会有明显的类案不公之疑问。[1]

为此，根据我国司法实际情况，按照"稳中求进"的整体思路，司法机关可率先开展微罪记录封存试点工作，即主要针对判处一年有期徒刑以下刑罚、拘役、管制、单处罚金等以及检察机关作出不起诉的微罪记录予以封存。待微罪记录封存试点改革成熟并取得良好效果之后，再逐步扩展到相关轻罪记录的封存。

二、轻微犯罪记录封存制度构建的配套措施

在具体的实施过程中，为了保障试点改革的顺利进行和实效，笔者建议，最高人民法院、最高人民检察院可联合以司法解释的方式，探索建立轻微犯罪记录封存的"正面清单"与"负面清单"制度。具体而言，所谓的"正面清单"制度主要是指司法机关以清单方式详细列明哪些罪名及其情形应当予以封存，比

---

[1] 参见李思远：《实体与程序的互动：轻微犯罪记录封存的双重逻辑与面向》，载《新疆社会科学》2024 年第 6 期，第 88 页。

如对于危险驾驶罪相关记录封存等；"负面清单"制度主要是指司法机关以清单方式详细列明哪些罪名及其情形不应当予以封存，比如，性侵未成年人犯罪等。"正面清单"与"负面清单"相结合的制度有助于统一思想认识和操作标准，从而更为清晰明确地指导和规范各级司法机关开展微罪记录封存试点改革，最大限度地消除改革试点工作中遇到的阻力。与此同时，笔者建议，最高人民法院、最高人民检察院还可以联合发布关于微罪记录封存的典型案例，充分发挥典型案例的指导功能，清晰阐明微罪记录封存的基本案情、主要理由、具体方法、指导意义及注意事项。

此外，笔者建议，应当由各级党委政法委作为主要牵头单位，建立完善联席会议工作制度，组织协调司法机关、公安机关、司法行政机关、教育行政机关、民政机关以及工会、团委、妇联等多职能部门共同参与并推进落实，最大限度地形成轻微犯罪记录封存的聚合力，保障轻微犯罪人尽快复归社会、开始新的人生与生活。

余　论

正如有学者所言："对待有犯罪记录的人，倘若我们不能深切关注他们的生存和生活，那么就应当给他们像普通人一样畅通的生存生活渠道。"对待轻微犯罪记录予以有效封存，正是现代司法文明下国家帮助和促使轻微犯罪人有效复归社会、开启新生活的一服"良药"。从表面上看，轻微犯罪记录封存制度构建主要是聚焦犯罪治理这一主题来展开演绎的，但其背后深层次则关乎着我国司法文明的进步与发展。轻微犯罪封存记录制度的建立与完善是一项综合性长远性的工程建设，不仅需要从法律制度层面搭建起科学的"四梁八柱"顶层设计，而且更需要从运行机制层面做到内部结构的"精装修"。

轻微犯罪记录封存制度建构还要求一系列科学调动各个方面的积极因子：其一，国家立法层面应当慎重增加轻微罪名，避免刑法的过度扩张而挤占原本紧张的立法与司法资源，以及进一步丰富刑罚结构体系，逐步扩大罚金刑等；其二，刑事司法层面应当稳慎发动刑罚活动，依据宽严相济刑事政策，对于轻微犯罪要综合主客观方面作出科学适当的处理决定，逐步扩大非监禁刑的适用范围；其三，行政执法层面应当积极协同配合实施，着重清理不符合法律规定的关于犯罪附随后果的显性规范和隐性规范，依法保障轻微犯罪人在犯罪记录封存后的劳动权等；其四，公民守法层面应当全面提升法治意识，增强保障轻微犯罪人的隐私权及被遗忘权的法治观念，更加科学理性地看待轻微犯罪人复归社会的法治需求；其五，社会发展层面应当整体变革价值观念，以更加包容的心态和眼光来共同努力，帮助轻微犯罪人复归社会、开启新的生活。唯有如此，轻微犯罪记录封存制度方能为我国国家治理体系和治理能力现代化实践发挥积极的效能，进一步凸显刑事犯罪预防、公共安全维护、人权司法保障之间有机平衡的现代司法文明价值理念。

附　录

最高人民法院　最高人民检察院　公安部　司法部
关于未成年人犯罪记录封存的实施办法

（2022 年 5 月 24 日发布）

第一条　为了贯彻对违法犯罪未成年人教育、感化、挽救的方针，加强对未成年人的特殊、优先保护，坚持最有利于未成年人原则，根据刑法、刑事诉讼法、未成年人保护法、预防未成年人犯罪法等有关法律规定，结合司法工作实际，制定本办法。

第二条　本办法所称未成年人犯罪记录，是指国家专门机关对未成年犯罪人员情况的客观记载。应当封存的未成年人犯罪记录，包括侦查、起诉、审判及刑事执行过程中形成的有关未成年人犯罪或者涉嫌犯罪的全部案卷材料与电子档案信息。

第三条　不予刑事处罚、不追究刑事责任、不起诉、采取刑事强制措施的记录，以及对涉罪未成年人进行社会调查、帮教考察、心理疏导、司法救助等工作的记录，按照本办法规定的内容和程序进行封存。

第四条　犯罪的时候不满十八周岁，被判处五年有期徒刑以下刑罚以及免予刑事处罚的未成年人犯罪记录，应当依法予以封存。

对在年满十八周岁前后实施数个行为，构成一罪或者一并处理的数罪，主要犯罪行为是在年满十八岁周岁前实施的，被判处或者决定执行五年有期徒刑以下刑罚以及免予刑事处罚的未成年人犯罪记录，应当对全案依法予以封存。

第五条　对于分案办理的未成年人与成年人共同犯罪案件，在封存未成年人案卷材料和信息的同时，应当在未封存的成年人卷宗封面标注"含犯罪记录封存信息"等明显标识，并对相关信息采取必要保密措施。对于未分案办理的未成年人与成年人共同犯罪案件，应当在全案卷宗封面标注"含犯罪记录封存信息"等明显标识，并对相关信息采取必要保密措施。

第六条　其他刑事、民事、行政及公益诉讼案件，因办案需要使用了被封存的未成年人犯罪记录信息的，应当在相关卷宗封面标明"含犯罪记录封存信息"，并对相关信息采取必要保密措施。

第七条　未成年人因事实不清、证据不足被宣告无罪的案件，应当对涉罪记录予以封存；但未成年被告人及其法定代理人申请不予封存或者解除封存的，经人民法院同意，可以不予封存或者解除封存。

第八条　犯罪记录封存决定机关在作出案件处理决定时，应当同时向案件被告人或犯罪嫌疑人及其法定代理人或近亲属释明未成年人犯罪记录封存制度，并告知其相关权利义务。

第九条　未成年人犯罪记录封存应当贯彻及时、有效的原则。对于犯罪记录被封存的未成年人，在入伍、就业时免除犯罪记录的报告义务。

被封存犯罪记录的未成年人因涉嫌再次犯罪接受司法机关调查时，应当主动、如实地供述其犯罪记录情况，不得回避、隐瞒。

第十条　对于需要封存的未成年人犯罪记录，应当遵循《中华人民共和国个人信息保护法》不予公开，并建立专门的未成年人犯罪档案库，执行严格的保管制度。

对于电子信息系统中需要封存的未成年人犯罪记录数据，应当加设封存标记，未经法定查询程序，不得进行信息查询、共享及复用。

封存的未成年人犯罪记录数据不得向外部平台提供或对接。

第十一条　人民法院依法对犯罪时不满十八周岁的被告人判处五年有期徒刑以下刑罚以及免予刑事处罚的，判决生效后，应当将刑事裁判文书、《犯罪记录封存通知书》及时送达被告人，并同时送达同级人民检察院、公安机关，同级人民检察院、公安机关在收到上述文书后应当在三日内统筹相关各级检察机关、公安机关将涉案未成年人的犯罪记录整体封存。

第十二条　人民检察院依法对犯罪时不满十八周岁的犯罪嫌疑人决定不起诉后，应当将《不起诉决定书》、《犯罪记录封存通知书》及时送达被不起诉人，并同时送达同级公安机关，同级公安机关收到上述文书后应当在三日内将涉案未成年人的犯罪记录封存。

第十三条　对于被判处管制、宣告缓刑、假释或者暂予监外执行的未成年罪犯，依法实行社区矫正，执行地社区矫正机构应当在刑事执行完毕后三日内将涉案未成年人的犯罪记录封存。

第十四条　公安机关、人民检察院、人民法院和司法行政机关分别负责受理、审核和处理各自职权范围内有关犯罪记录的封存、查询工作。

第十五条 被封存犯罪记录的未成年人本人或者其法定代理人申请为其出具无犯罪记录证明的，受理单位应当在三个工作日内出具无犯罪记录的证明。

第十六条 司法机关为办案需要或者有关单位根据国家规定查询犯罪记录的，应当向封存犯罪记录的司法机关提出书面申请，列明查询理由、依据和使用范围等，查询人员应当出示单位公函和身份证明等材料。

经审核符合查询条件的，受理单位应当在三个工作日内开具有/无犯罪记录证明。许可查询的，查询后，档案管理部门应当登记相关查询情况，并按照档案管理规定将有关申请、审批材料、保密承诺书等一同存入卷宗归档保存。依法不许可查询的，应当在三个工作日内向查询单位出具不许可查询决定书，并说明理由。

对司法机关为办理案件、开展重新犯罪预防工作需要申请查询的，封存机关可以依法允许其查阅、摘抄、复制相关案卷材料和电子信息。对司法机关以外的单位根据国家规定申请查询的，可以根据查询的用途、目的与实际需要告知被查询对象是否受过刑事处罚、被判处的罪名、刑期等信息，必要时，可以提供相关法律文书复印件。

第十七条 对于许可查询被封存的未成年人犯罪记录的，应当告知查询犯罪记录的单位及相关人员严格按照查询目的和使用范围使用有关信息，严格遵守保密义务，并要求其签署保密承诺书。不按规定使用所查询的犯罪记录或者违反规定泄露相关信息，情节严重或者造成严重后果的，应当依法追究相关人员的责任。

因工作原因获知未成年人封存信息的司法机关、教育行政部门、未成年人所在学校、社区等单位组织及其工作人员、诉讼参与人、社会调查员、合适成年人等，应当做好保密工作，不得泄露被封存的犯罪记录，不得向外界披露该未成年人的姓名、住所、照片，以及可能推断出该未成年人身份的其他资料。违反法律规定披露被封存信息的单位或个人，应当依法追究其法律责任。

第十八条 对被封存犯罪记录的未成年人，符合下列条件之一的，封存机关应当对其犯罪记录解除封存：

（一）在未成年时实施新的犯罪，且新罪与封存记录之罪数罪并罚后被决定执行刑罚超过五年有期徒刑的；

（二）发现未成年时实施的漏罪，且漏罪与封存记录之罪数罪并罚后被决定执行刑罚超过五年有期徒刑的；

（三）经审判监督程序改判五年有期徒刑以上刑罚的；

被封存犯罪记录的未成年人，成年后又故意犯罪的，人民法院应当在裁判文书中载明其之前的犯罪记录。

第十九条 符合解除封存条件的案件，自解除封存条件成立之日起，不再受未成年人犯罪记录封存相关规定的限制。

第二十条 承担犯罪记录封存以及保护未成年人隐私、信息工作的公职人员，不当泄露未成年人犯罪记录或者隐私、信息的，应当予以处分；造成严重后果，给国家、个人造成重大损失或者恶劣影响的，依法追究刑事责任。

第二十一条 涉案未成年人应当封存的信息被不当公开，造成未成年人在就学、就业、生活保障等方面未受到同等待遇的，未成年人及其法定代理人可以向相关机关、单位提出封存申请，或者向人民检察院申请监督。

第二十二条　人民检察院对犯罪记录封存工作进行法律监督。对犯罪记录应当封存而未封存，或者封存不当，或者未成年人及其法定代理人提出异议的，人民检察院应当进行审查，对确实存在错误的，应当及时通知有关单位予以纠正。

有关单位应当自收到人民检察院的纠正意见后及时审查处理。经审查无误的，应当向人民检察院说明理由；经审查确实有误的，应当及时纠正，并将纠正措施与结果告知人民检察院。

第二十三条　对于 2012 年 12 月 31 日以前办结的案件符合犯罪记录封存条件的，应当按照本办法的规定予以封存。

第二十四条　本办法所称"五年有期徒刑以下"含本数。

第二十五条　本办法由最高人民法院、最高人民检察院、公安部、司法部共同负责解释。

第二十六条　本办法自 2022 年 5 月 30 日起施行。

参考文献

一、论文类

1. 白建军:《犯罪轻重的量化分析》,载《中国社会科学》2003 年第 6 期。

2. 高一飞、高建:《犯罪记录封存的制度安排与实施机制》,载《南通大学学报(社会科学版)》2012 年第 5 期。

3. 曾新华:《论未成年人轻罪犯罪记录封存制度:我国新〈刑事诉讼法〉第 275 条之理解与适用》,载《法学杂志》2012 年第 6 期。

4. 王东海:《未成年人犯罪记录封存制度的中国实践:适用与走向》,载《中南大学学报(社会科学版)》2013 年第 5 期。

5. 孙长柱、贺琳娜、张云霄:《论中国特色未成年人犯罪前科消灭制度的构建:以中外未成年人犯罪前科消灭制度的比较研究为视角》,载《湖北警官学院学报》2013 年第 7 期。

6. 肖中华:《论我国未成年人犯罪记录封存制度的适用》,载《法治研究》2014 年第 1 期。

7. 庄乾龙:《论未成年人犯罪记录封存制度》,载《中国青年政治学院学报》2014 年第 4 期。

8. 姚建龙:《社会排斥理论与未成年人犯罪记录封存制度改革》,载《青年探索》2015 年第 2 期。

9. 于佳佳:《日本轻微犯罪处理机制的经验与启示》,载《交大法学》2015 年第 4 期。

10. 吴汉东:《国家治理能力现代化与法治化问题研究》,载《法学评论》2015 年第 5 期。

11. 孟斌:《犯罪记录封存制度的可操作性完善——基于实践操作的体系性反思》,载《法律适用》2015 年第 5 期。

12. 周子实:《犯罪记录制度与裁判文书公开制度兼容问题的比较研究》,载《西部法学评论》2016 年第 1 期。

13. 韩庆宝:《前科消灭制度建构论》,载《东北师大学报（哲学社会科学版）》2016 年第 2 期。

14. 郭旭强:《关于犯罪记录封存制度的深度思考》,载《中国检察官》2016 年第 9 期。

15. 邵玉婷:《前科就业限制的比例原则规制》,载《东方法学》2017 年第 3 期。

16. 罗世龙:《我国未成年人犯罪记录封存制度之反思与完善》,载《暨南学报（哲学社会科学版）》2018 年第 2 期。

17. 刘文杰:《被遗忘权:传统元素、新语境与利益衡量》,载《法学研究》2018 年第 2 期。

18. 陈璐：《完善未成年人犯罪记录封存制度的思考——以河南省实践为样本》，载《社会科学家》2018 年第 6 期。

19. 王瑞君：《我国刑罚附随后果制度的完善》，载《政治与法律》2018 年第 8 期。

20. 宋英辉、杨雯清：《我国未成年人犯罪记录封存制度研究》，载《国家检察官学院学报》2019 年第 4 期。

21. 梅传强、严磊：《论犯罪人失信惩戒措施的适用界限》，载《学术交流》2020 年第 2 期。

22. 孙倩：《未成年人犯罪记录封存制度的理论重构及现实思考》，载《刑法论丛》2020 年第 3 期。

23. 王敏远：《"醉驾"型危险驾驶罪综合治理的实证研究——以浙江省司法实践为研究样本》，载《法学》2020 年第 3 期。

24. 周光权：《论通过增设轻罪实现妥当的处罚——积极刑法立法观的再阐释》，载《比较法研究》2020 年第 6 期。

25. 李怀胜：《犯罪记录对社会信用体系的耦合嵌入与功能校正》，载《法学杂志》2021 年第 3 期。

26. 王瑞君：《"刑罚附随性制裁"的功能与边界》，载《法学》2021 年第 4 期。

27. 郑曦：《匿名化处理：刑事诉讼被遗忘权实现的另一种途径》，载《法治研究》2021 年第 5 期。

28. 吴尚聪：《现代性、社会控制与犯罪记录制度：犯罪记录的谱系学考察》，载《甘肃政法大学学报》2021 年第 6 期。

29. 崔志伟：《积极刑法立法背景下前科消灭制度之构建》，载《现代法学》2021 年第 6 期。

30. 卢建平：《轻罪时代的犯罪治理方略》，载《政治与法律》2022 年第 1 期。

31. 曾新华：《犯罪记录封存"但书"规定的法教义学展开》，载《中国刑事法杂志》2022 年第 2 期。

32. 翟小波：《信息作为惩罚——为被遗忘权辩护》，载《环球法律评论》2022 年第 2 期。

33. 卢建平：《为什么说我国已经进入轻罪时代》，载《中国应用法学》2022 年第 3 期。

34. 莫晓宇：《刑法罪名"僵尸化"的现象、机理及对策》，载《四川大学学报（哲学社会科学版）》2022 年第 4 期。

35. 刘艳红：《民刑共治：中国式现代化犯罪治理新模式》，载《中国法学》2022 年第 6 期。

36. 马迅：《行政限制从业的角色定位、实效保障与体系协调》，载《行政法学研究》2022 年第 6 期。

37. 彭文华：《我国犯罪附随后果制度规范化研究》，载《法学研究》2022 年第 6 期。

38. 陈兴良：《轻罪治理的理论思考》，载《中国刑事法杂志》2023 年第 3 期。

39. 郑二威：《我国犯罪记录整体封存的制度构建》，载《法制与社会发展》2023 年第 4 期。

40. 梁云宝：《中国式现代化背景下轻微犯罪前科消灭制度的展开》，
载《政法论坛》2023 年第 5 期。

41. 罗翔：《犯罪附随性制裁制度的废除》，载《政法论坛》2023 年
第 5 期。

42. 夏朗：《论轻罪时代的前科淡化：对犯罪信息获知途径的限缩》，
载《政法论坛》2023 年第 5 期。

43. 顾敏康、宋阳：《检察监督介入行政性失信惩戒的困境与路径》，
载《湘潭大学学报（哲学社会科学版）》2023 年第 6 期。

44. 苗梅华：《未成年人犯罪记录封存中被遗忘权的制度性嵌入》，
载《中外法学》2023 年第 6 期。

45. 邹子铭：《轻罪扩张背景下的犯罪附随后果研究》，载《法学杂
志》2023 年第 6 期。

46. 张翔：《基本权利限制法律保留的中国方案》，载《法律科学
（西北政法大学学报）》2023 年第 6 期。

47. 张明楷：《轻罪立法的推进与附随后果的变更》，载《比较法研
究》2023 年第 4 期。

48. 王志远：《犯罪控制策略视野下犯罪附随后果制度的优化研究》，
载《清华法学》2023 年第 5 期。

49. 陈光中、李作：《轻微犯罪无罪化处理问题探讨》，载《法律适
用》2024 年第 1 期。

50. 段蓓：《微罪附随后果的检视与出路》，载《北京理工大学学报

（社会科学版）》2024 年第 1 期。

51. 黄文艺：《论中国式司法现代化》，载《中国应用法学》2024 年
    第 1 期。

52. 彭文华：《间接犯罪附随后果制度：利弊、适用原则及其规范路
    径》，载《法学杂志》2024 年第 1 期。

53. 余凌云、黄味：《违法记录消除的正当性基础》，载《中国政法
    大学学报》2024 年第 1 期。

54. 李兰英、何金洋：《论犯罪附随失信惩戒措施的法治化进路》，
    载《南京大学学报（哲学·人文科学·社会科学）》2024 年
    第 2 期。

55. 魏麟、李春雷：《轻罪化背景下我国复权制度的构建》，载《中
    国人民公安大学学报（社会科学版）》2024 年第 3 期。

56. 周峨春、郭子麟：《前科时效：内涵意蕴、生成逻辑及构建路
    径》，载《常州大学学报（社会科学版）》2024 年第 3 期。

57. 张庆立：《犯罪附随后果的规范重塑》，载《西南政法大学学
    报》2024 年第 3 期。

58. 黎宏、袁方：《从消极惩罪到积极治理：中国特色轻罪治理体系
    的反思与完善》，载《中州学刊》2024 年第 4 期。

59. 张庆立：《隐形之罚：犯罪附随后果的法治化重构》，载《苏州
    大学学报（哲学社会科学版）》2024 年第 4 期。

60. 宋英辉、王贞会：《轻微犯罪记录封存制度的背景、价值及其建
    构》，载《中共中央党校（国家行政学院）学报》2024 年第

5 期。

61. 卢家栋、周炜：《轻罪治理视域下轻微犯罪记录封存制度建构的价值与路径》，载《重庆行政》2024 年第 6 期。

62. 李思远：《论轻微犯罪记录封存制度的构建》，载《清华法学》2024 年第 6 期。

63. 李思远：《实体与程序的互动：轻微犯罪记录封存的双重逻辑与面向》，载《新疆社会科学》2024 年第 6 期。

64. 姚建龙：《理性对待轻罪时代》，载《学术月刊》2024 年第 7 期。

65. 卢建平、王昕宇：《轻罪治理社会化：现状、挑战与优化路径》，载《山东社会科学》2024 年第 12 期。

66. 储陈城：《实现刑罚宽缓化轻罪治理的中国方案——基于刑事一体化的分析》，载《法学评论》2025 年第 1 期。

67. 汪海燕：《轻微犯罪记录封存制度的构建》，载《法律适用》2025 年第 3 期。

68. 喻海松：《论我国犯罪记录封存制度的革新与续造》，载《中国法律评论》2025 年第 3 期。

69. 李思远：《犯罪记录封存的诉讼效力：实践争议、深层根源与应对之策》，载《河北法学》2025 年第 5 期。

70. 陈在上：《论我国轻微犯罪记录封存制度的体系化建构——基于未成年人犯罪记录封存制度的比较镜鉴》，载《北京联合大学学报（人文社会科学版）》2025 年第 3 期。

二、著作类

1. 王明星：《刑法谦抑精神研究》，中国人民公安大学出版社 2005 年版。

2. 叶希善：《犯罪分层研究——以刑事政策和刑事立法意义为视角》，中国人民公安大学出版社 2008 年版。

3. 田兴洪：《宽严相济语境下的轻罪刑事政策研究》，法律出版社 2010 年版。

4. 白建军：《罪·恶——罪与恶的人性洗礼》，中国人民公安大学出版社 2015 年版。

5. 彭新林：《中国特色前科消灭制度构建研究》，人民法院出版社 2019 年版。

6. 付立庆：《积极主义刑法观及其展开》，中国人民大学出版社 2020 年版。

7. 张云霄：《重析刑事政策基本问题》，中国社会科学出版社 2021 年版。

8. 郭理蓉：《轻罪刑事政策研究》，中国法制出版社 2023 年版。

9. 谭世贵主编：《中国司法制度》，法律出版社 2023 年版。

10. ［日］森本益之等：《刑事政策学》，戴波等译，中国人民公安大学出版社 2004 年版。

11. ［美］唐纳德·J. 布莱克：《法律的运作行为》，唐越、苏力译，中国政法大学出版社 2004 年版。

12. ［美］玛格丽特·K.罗森海姆等:《少年司法的一个世纪》,高维俭译,商务印书馆 2008 年版。

13. ［美］迈克尔·桑德尔:《公正:该如何做是好》,朱惠玲译,中信出版社 2022 年版。

14. ［德］汉斯·海因里希·耶赛克、托马斯·魏根特:《德国刑法教科书》(下),徐久生译,中国法制出版社 2017 年版。

15. ［法］米歇尔·福柯:《规训与惩戒》,刘北成、杨远婴译,生活·读书·新知三联书店 2019 年版。

三、报纸类

1. 宁杰:《前科消灭"美丽谎言"待法律加持》,载《人民法院报》2010 年 5 月 11 日。

2. 田惠云:《最大限度去掉未成年人"犯罪"标签》,载《检察日报》2022 年 1 月 6 日。

3. 张涛:《犯罪记录封存制度重在落实与创新》,载《检察日报》2022 年 1 月 6 日。

4. 周光权:《"轻罪时代"呼唤社会治理方式转型》,载《上海法治报》2023 年 5 月 26 日。

5. 刘亚:《推动完善中国特色轻罪治理体系》,载《检察日报》2024 年 3 月 9 日。

6. 常璐倩:《最高检:推动建立轻微犯罪记录封存制度》,载《检察日报》2024 年 7 月 31 日。

7. 杨怀荣：《做好轻微犯罪记录封存工作》，载《人民法院报》2024 年 8 月 18 日。

8. 姚万勤：《建立轻微犯罪记录封存制度应明确"轻微犯罪"的范围》，载《人民法院报》2024 年 8 月 22 日。

9. 曹波：《构建适应轻罪治理的前科制度》，载《中国社会科学报》2024 年 9 月 3 日。

10. 石经海、肖靖雯：《中国特色社会主义法治体系下的轻微犯罪记录封存制度构建》，载《人民法院报》2024 年 9 月 5 日。

11. 朱长城：《建立轻微犯罪记录封存制度促进社会治理》，载《检察日报》2024 年 10 月 15 日。

12. 王帅：《轻微犯罪记录封存的制度构建》，载《人民法院报》2024 年 10 月 17 日。

13. 孙道萃、姜绍华：《建立轻微犯罪记录封存制度的深层要义与基本面向》，载《检察日报》2024 年 10 月 31 日。

14. 杨睿临：《建立轻微犯罪记录封存制度的构想》，载《人民法院报》2024 年 12 月 12 日。

15. 赵国华、白秀峰：《在检察实践中创新落实宽严相济刑事政策》，载《检察日报》2024 年 12 月 21 日。

16. 耿立峰：《科学建构轻微犯罪记录封存制度》，载《中国社会科学报》2025 年 1 月 7 日。

17. 陈卫东：《政法工作必须全面准确贯彻宽严相济刑事政策》，载《法治日报》2025 年 1 月 21 日。

18. 罗永鑫:《锚定四要点构建轻微犯罪记录封存制度》,载《检察日报》2025年3月31日。

19. 马军、张源:《加强体系化设计 推动轻微犯罪记录封存制度落地》,载《检察日报》2025年4月28日。

20. 赵恒:《探索构建持有犯罪记录数据的第三方主体封存义务制度》,载《检察日报》2025年5月19日。

21. 张书铭:《从法理情三维度全面准确贯彻宽严相济刑事政策》,载《检察日报》2025年5月21日。

22. 陈伟、邱归港:《强化"体系化"思维 贯彻宽严相济刑事政策》,载《检察日报》2025年5月24日。